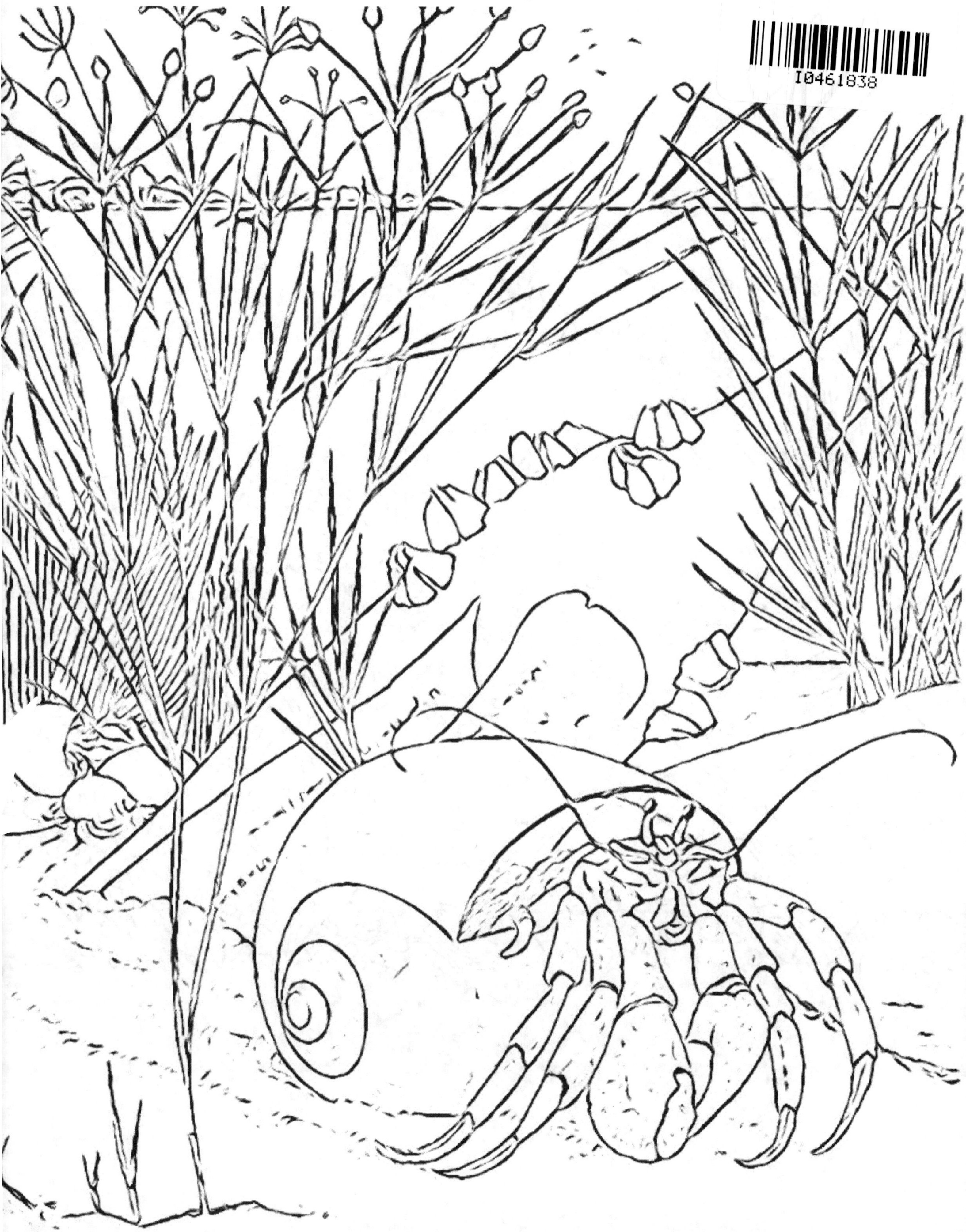

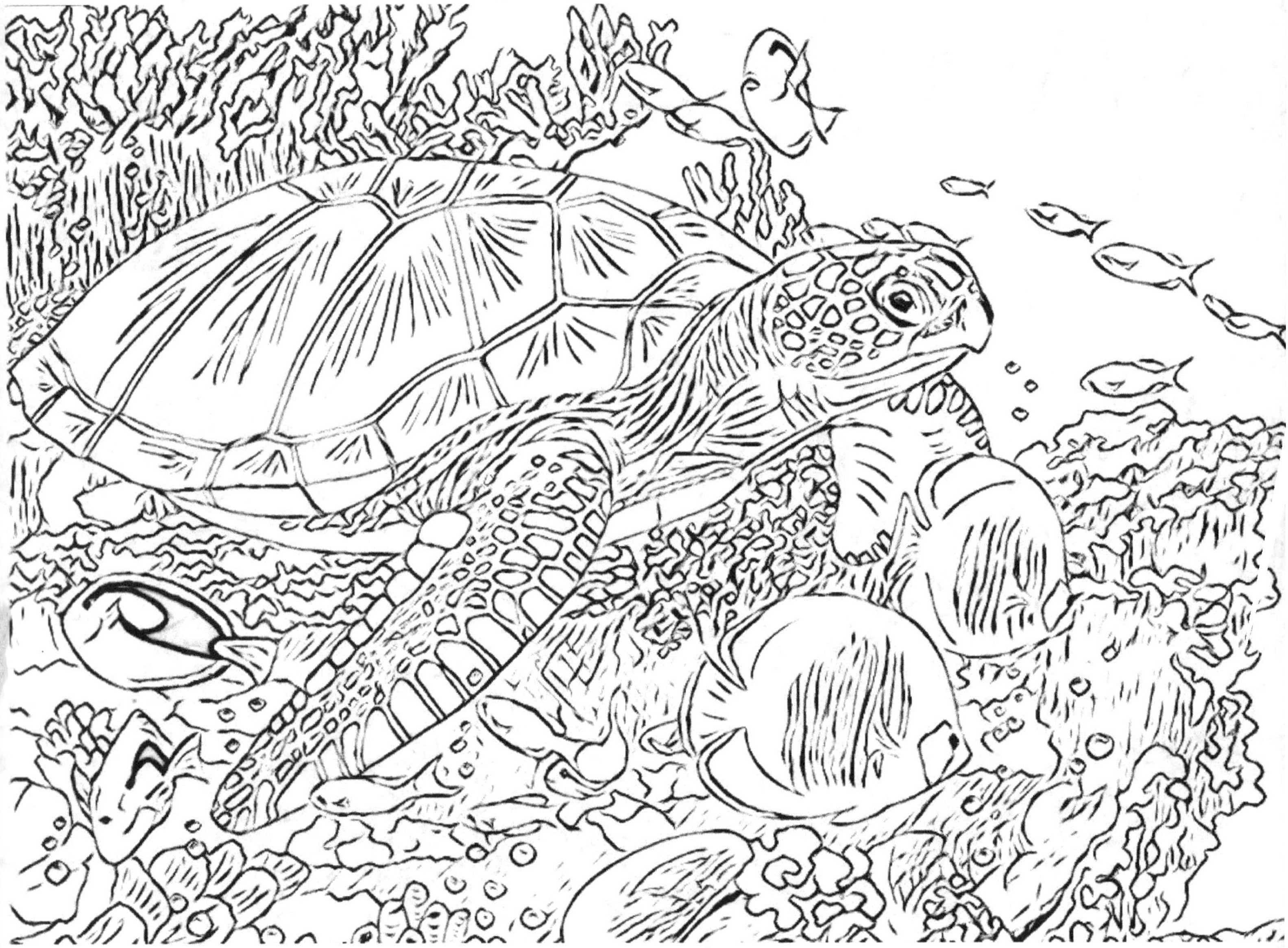

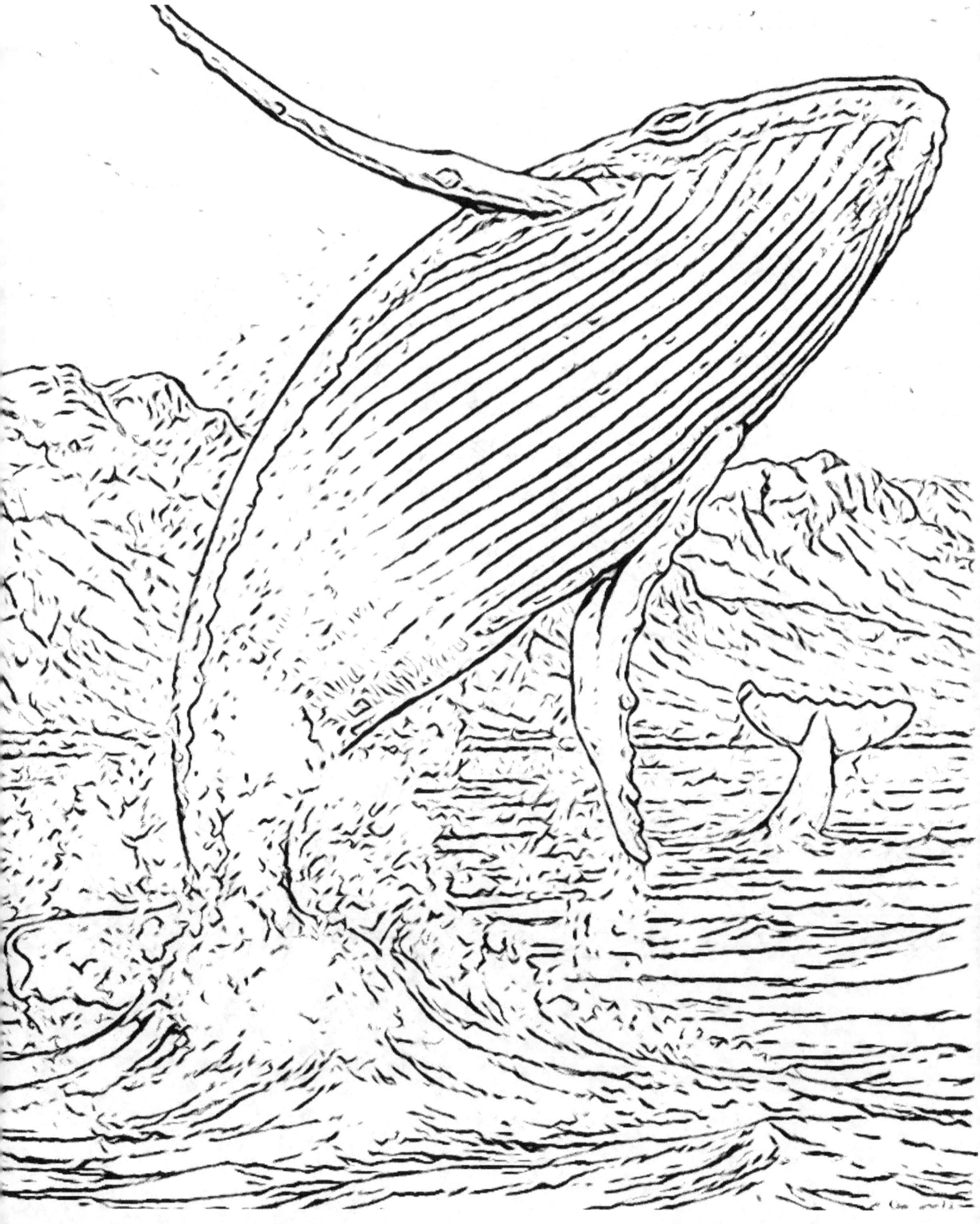

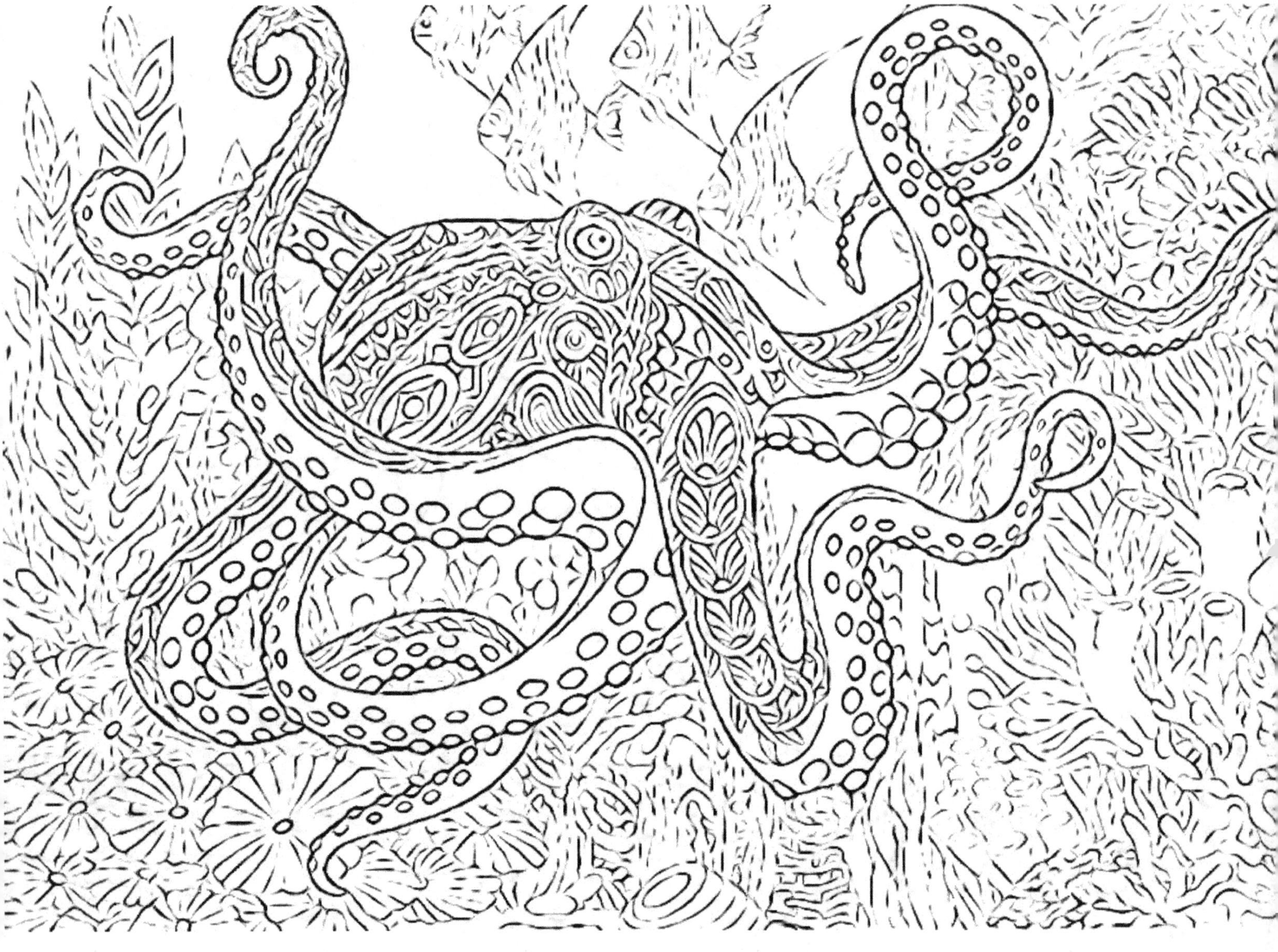

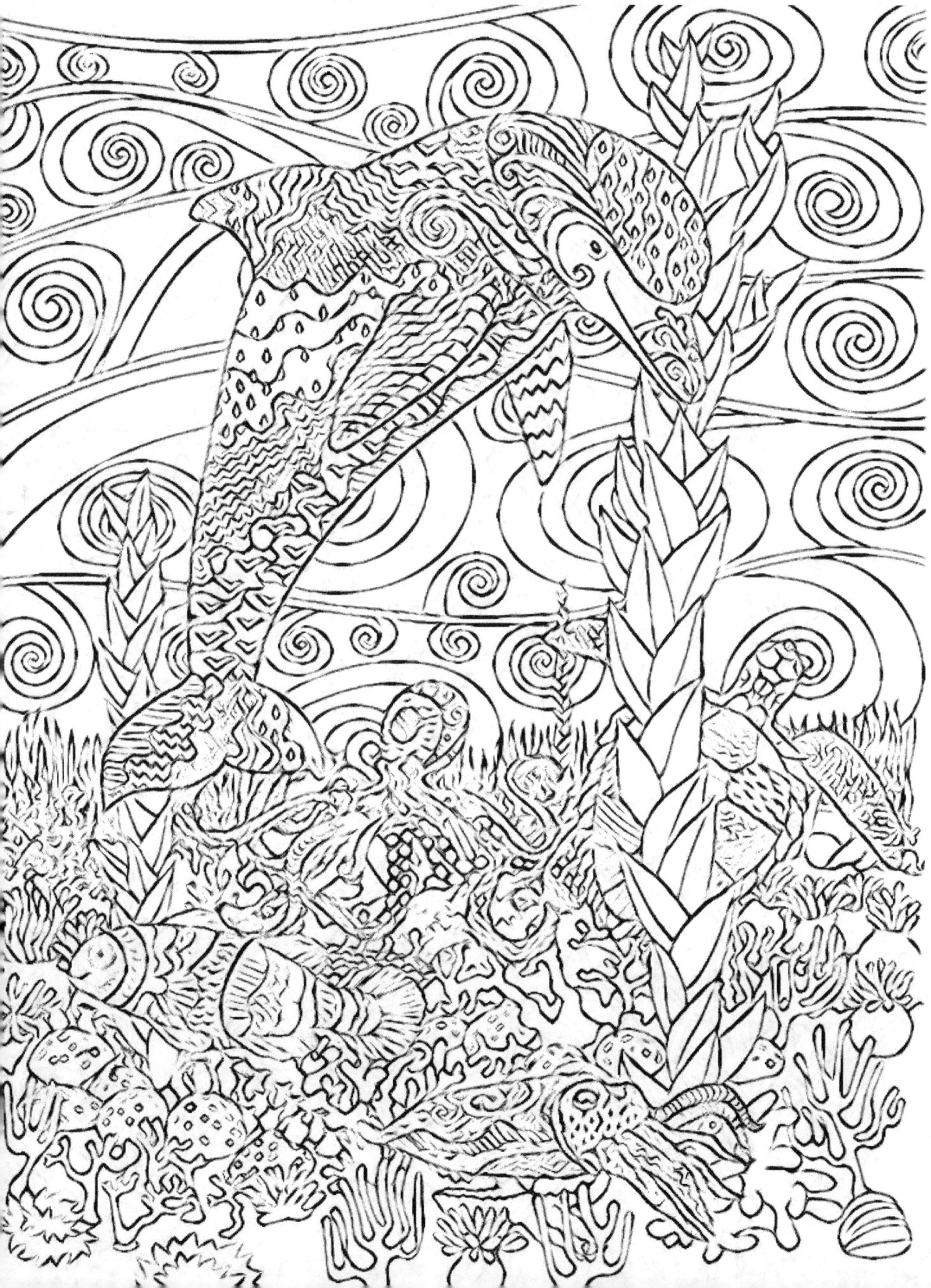

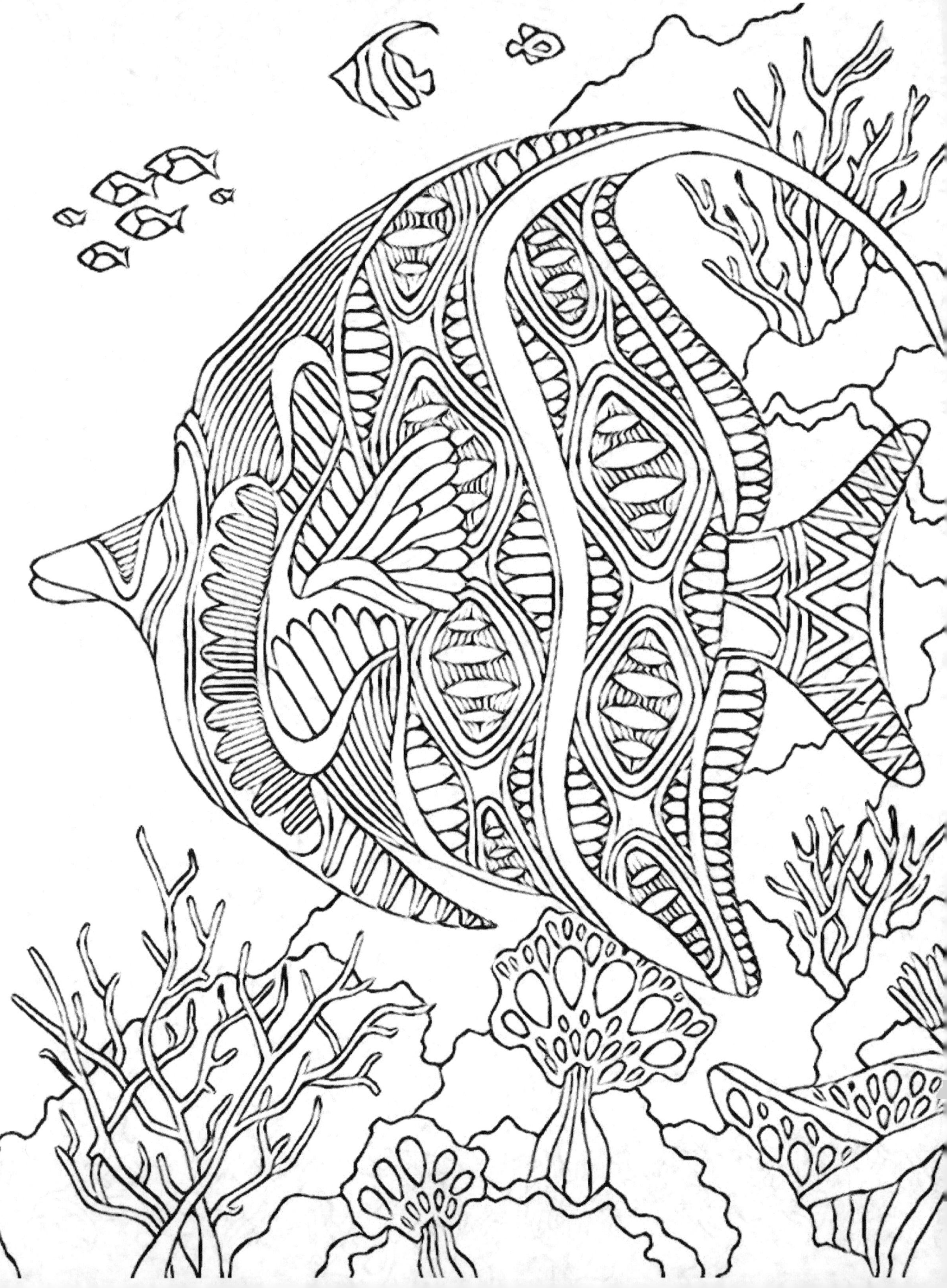

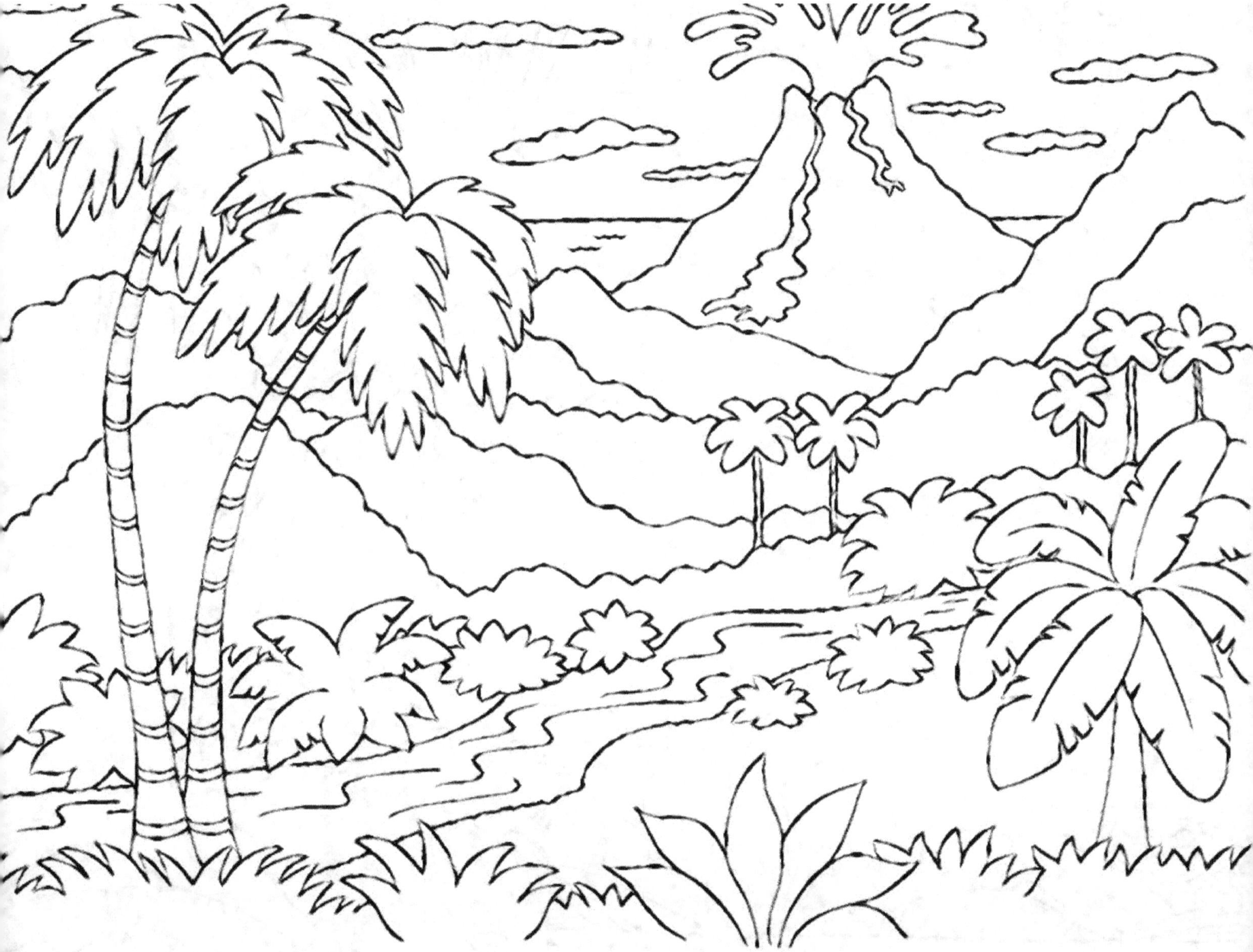

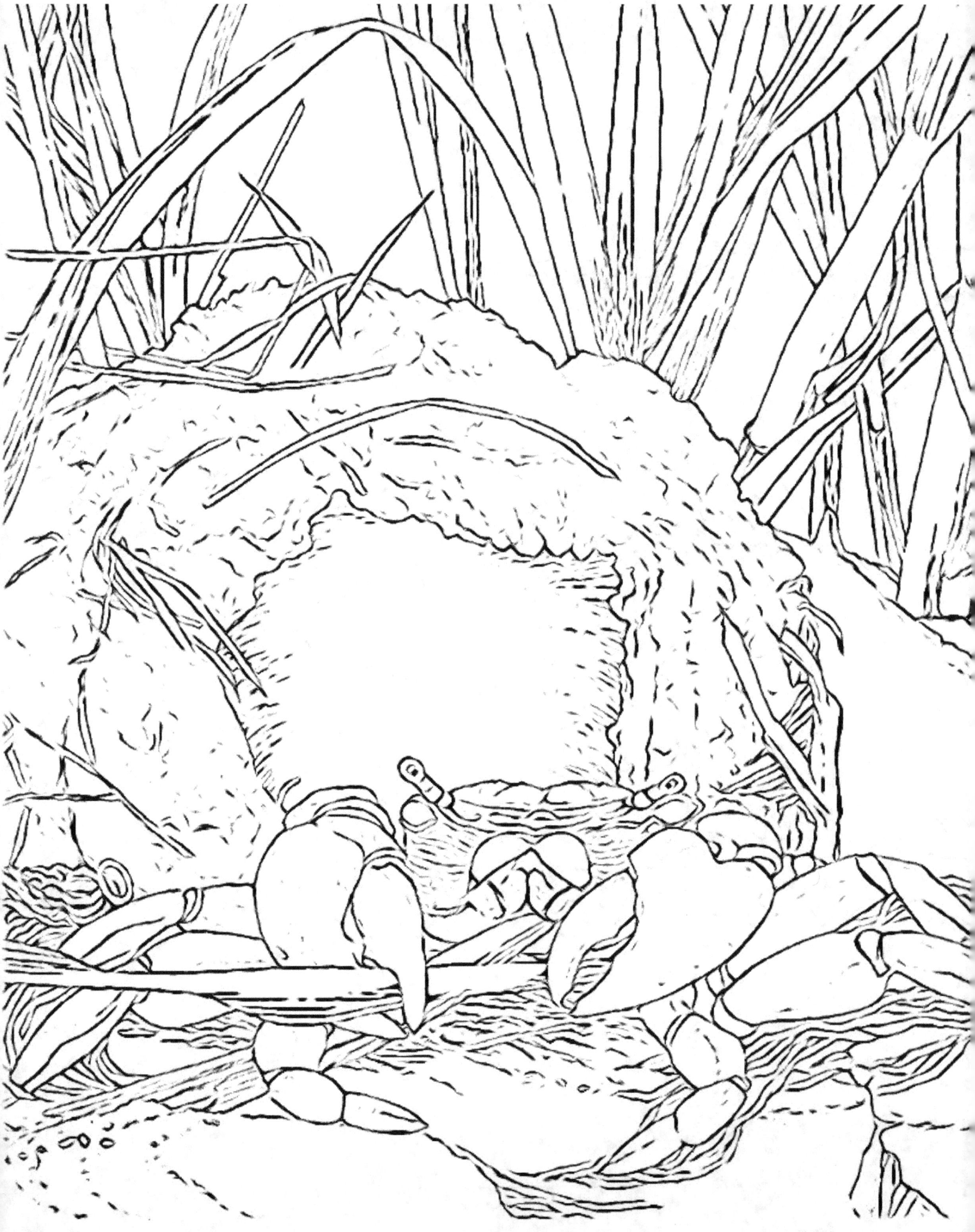

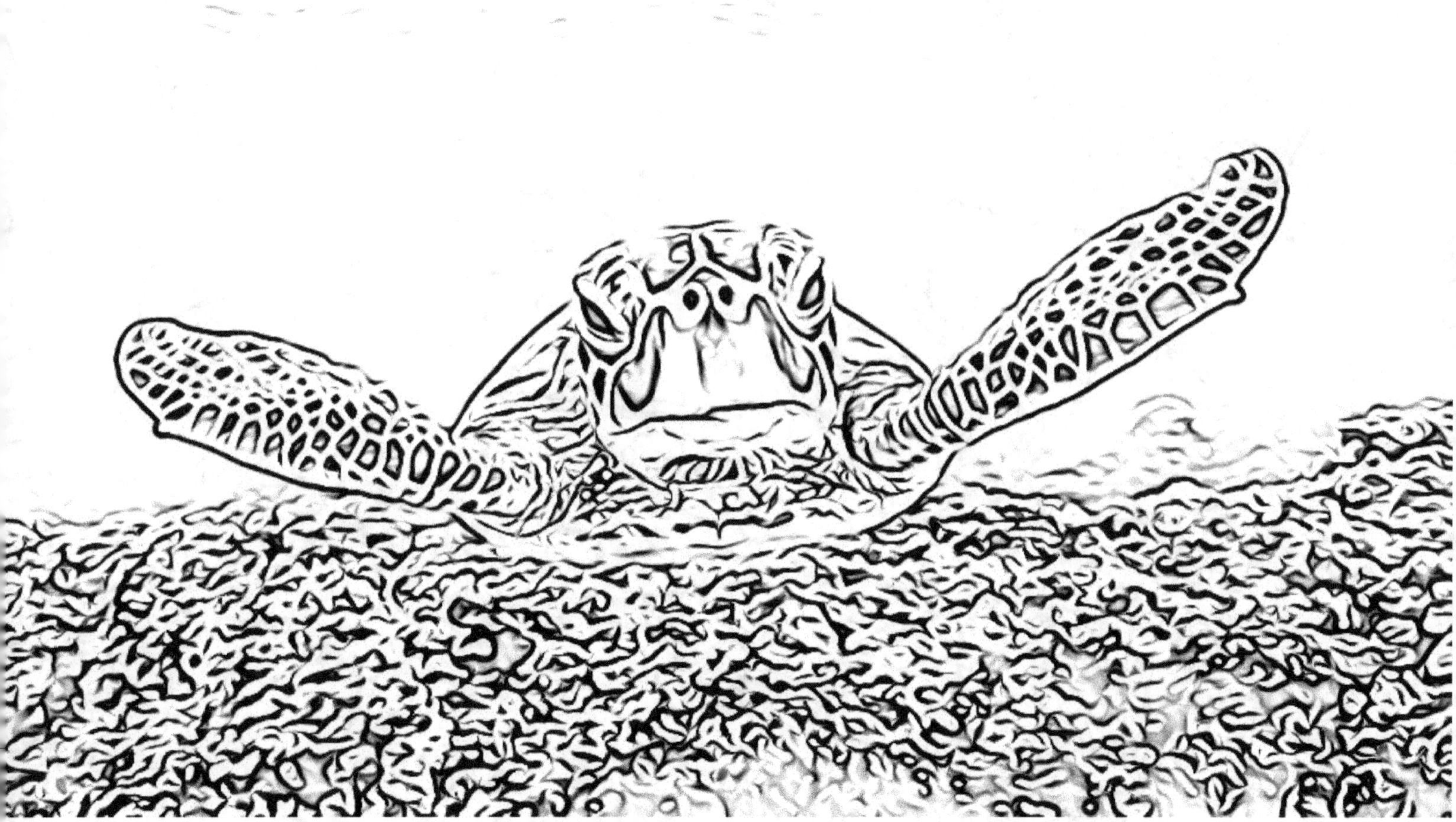

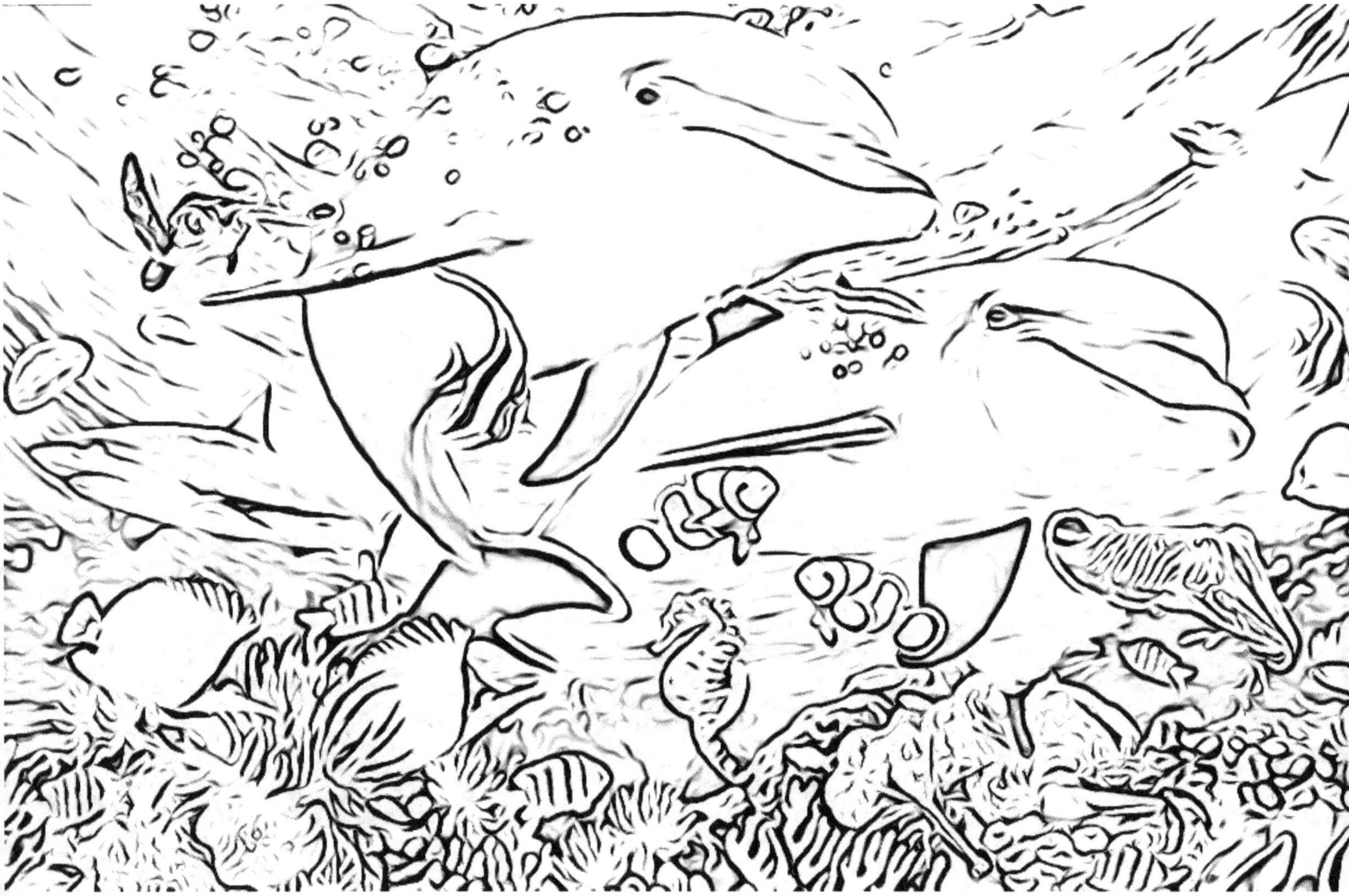

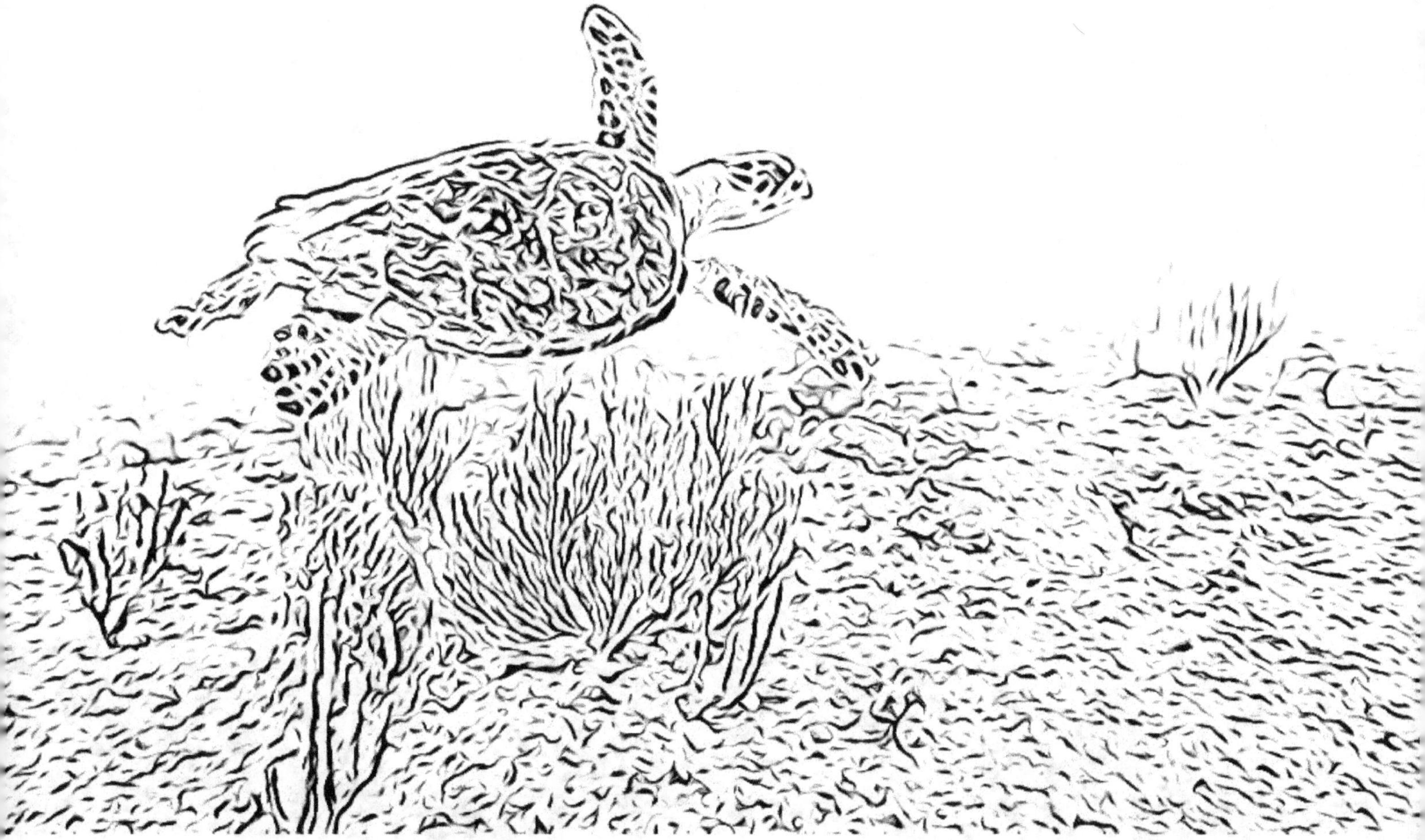

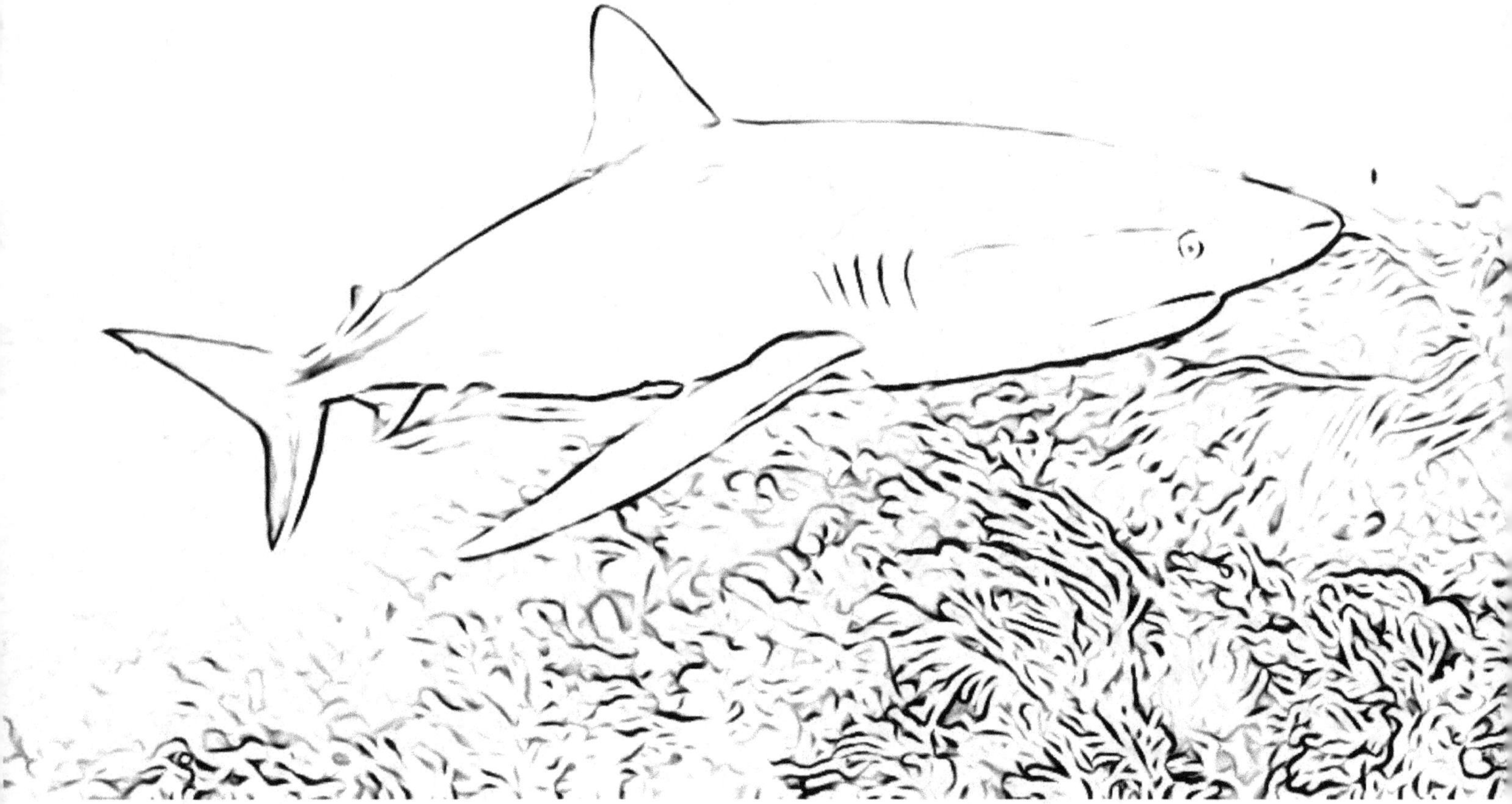

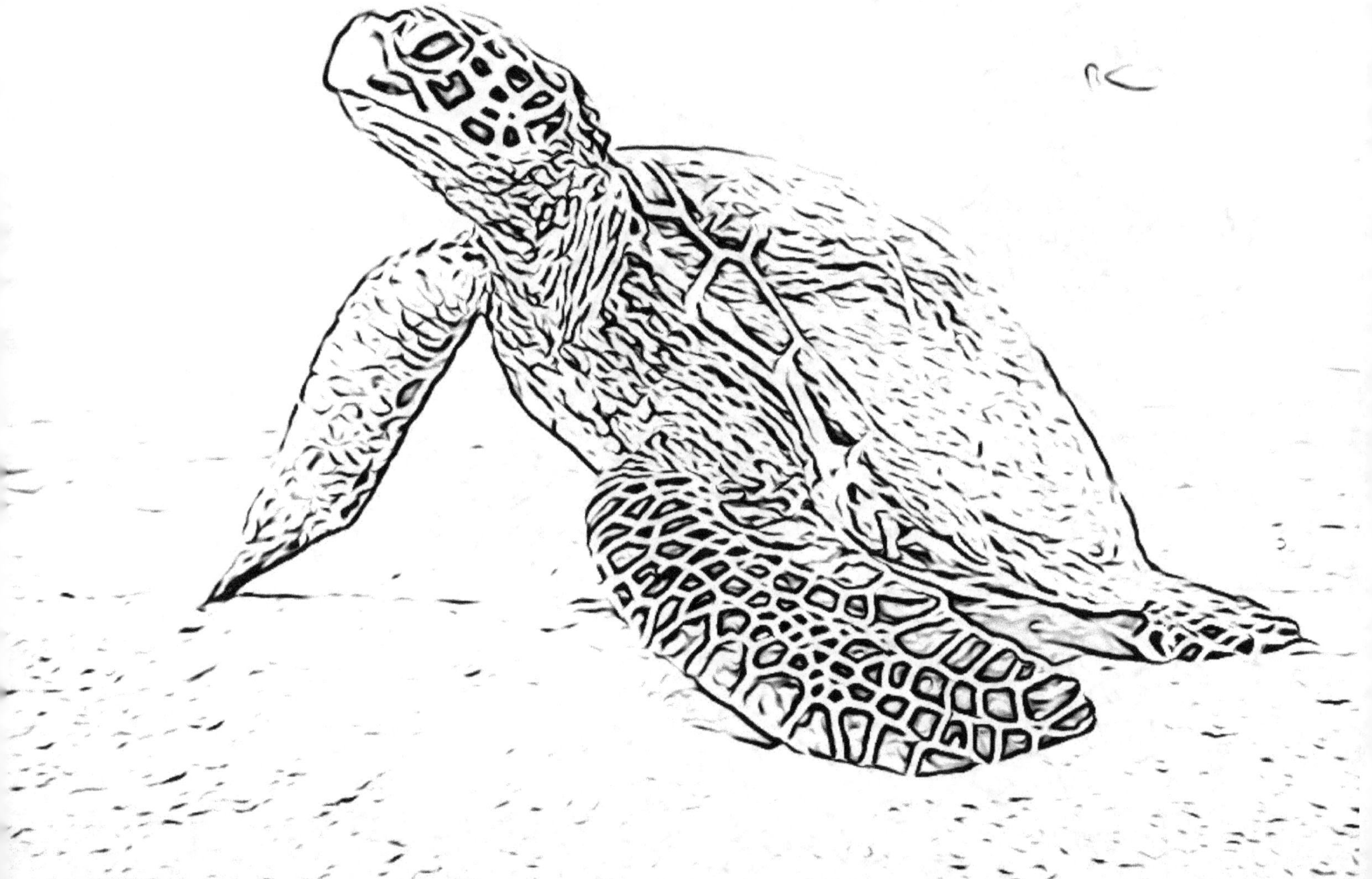

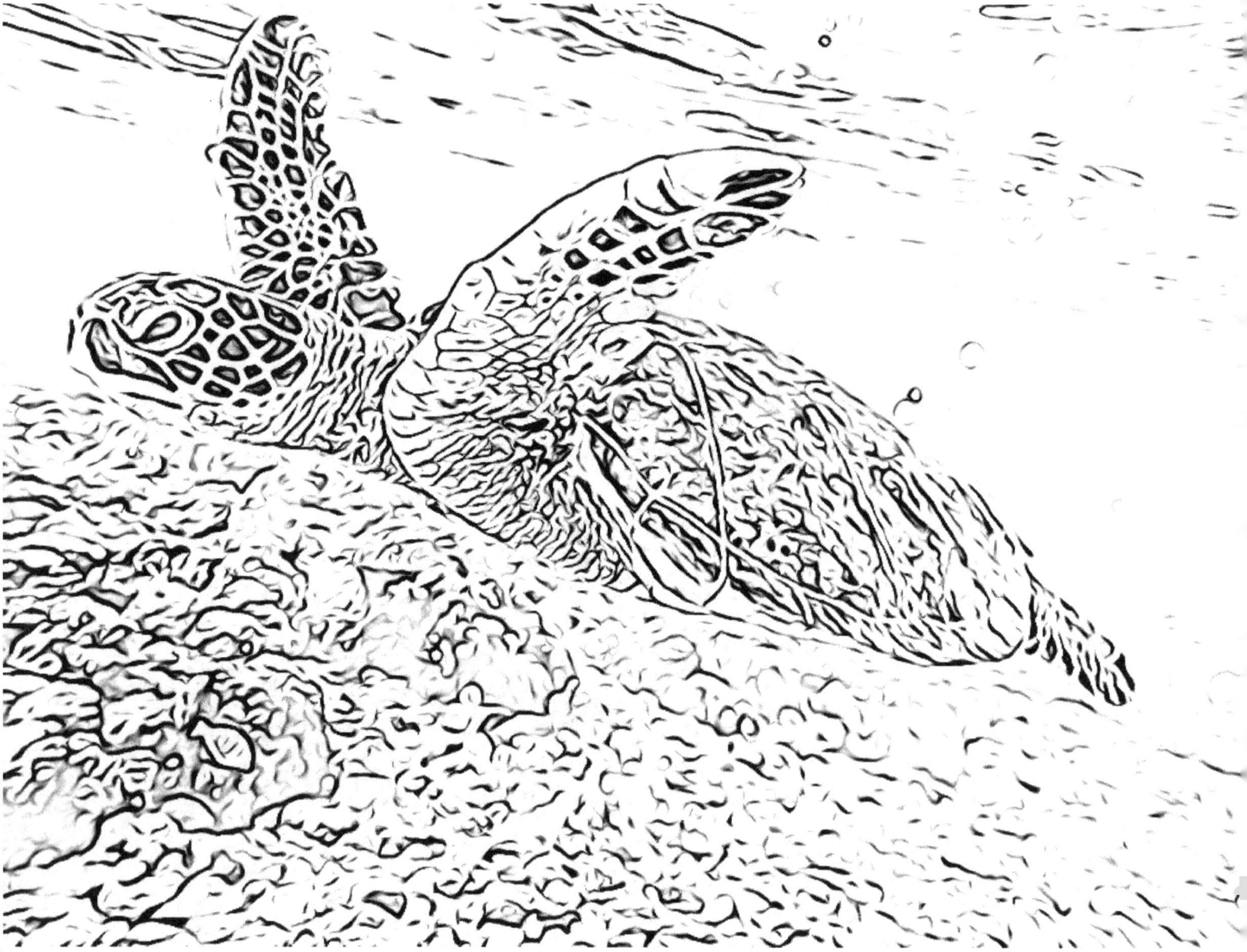

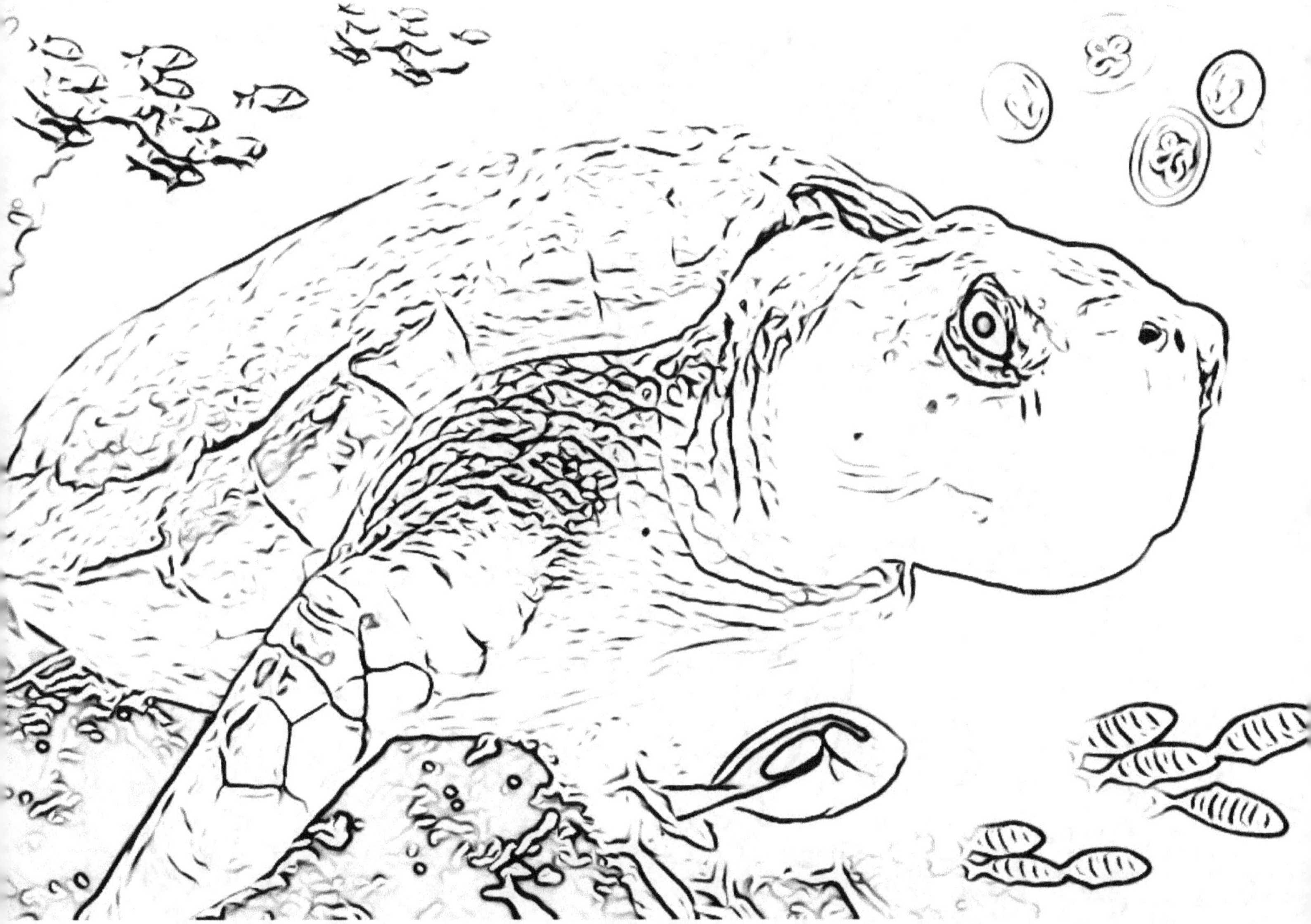

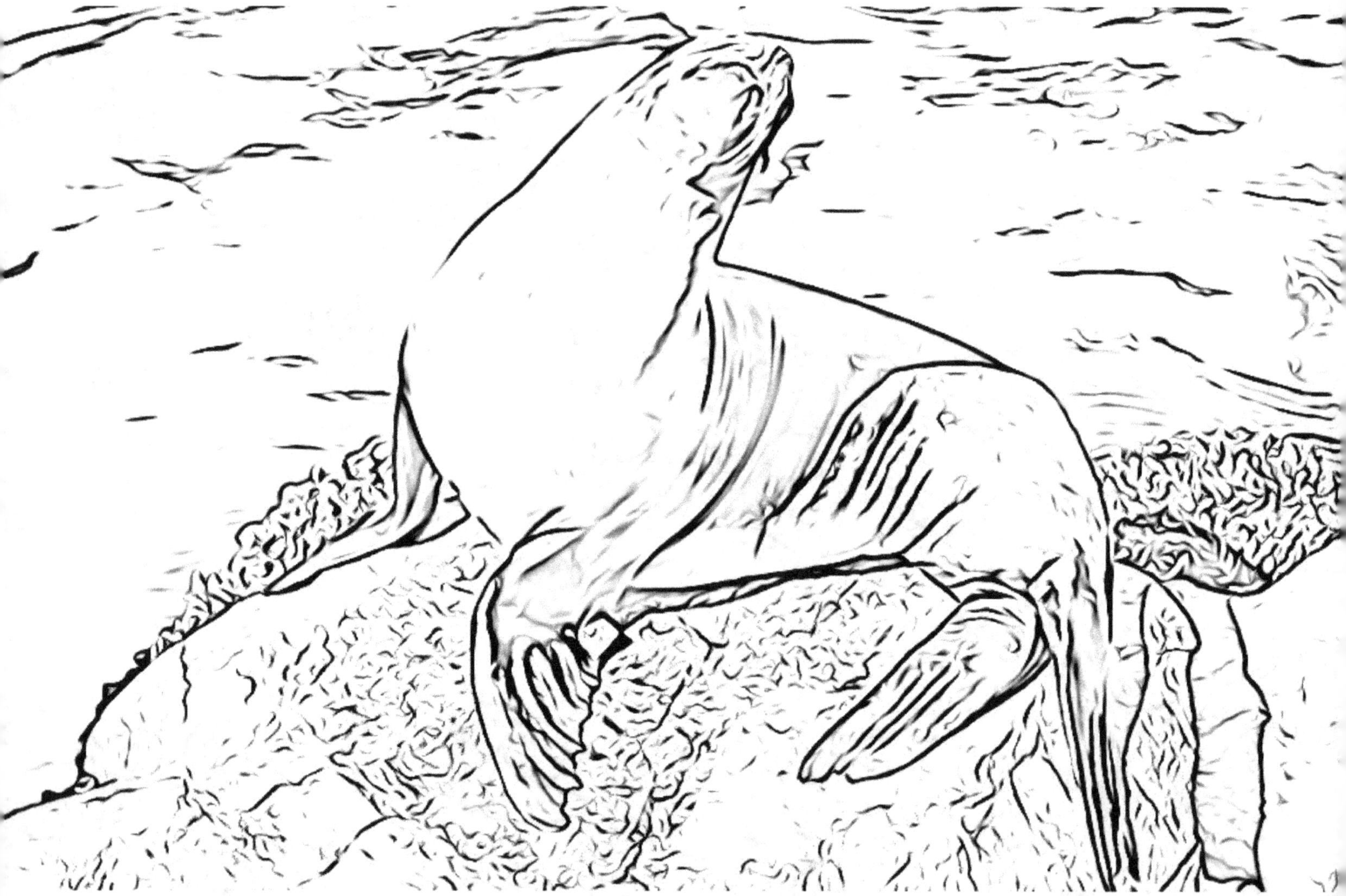

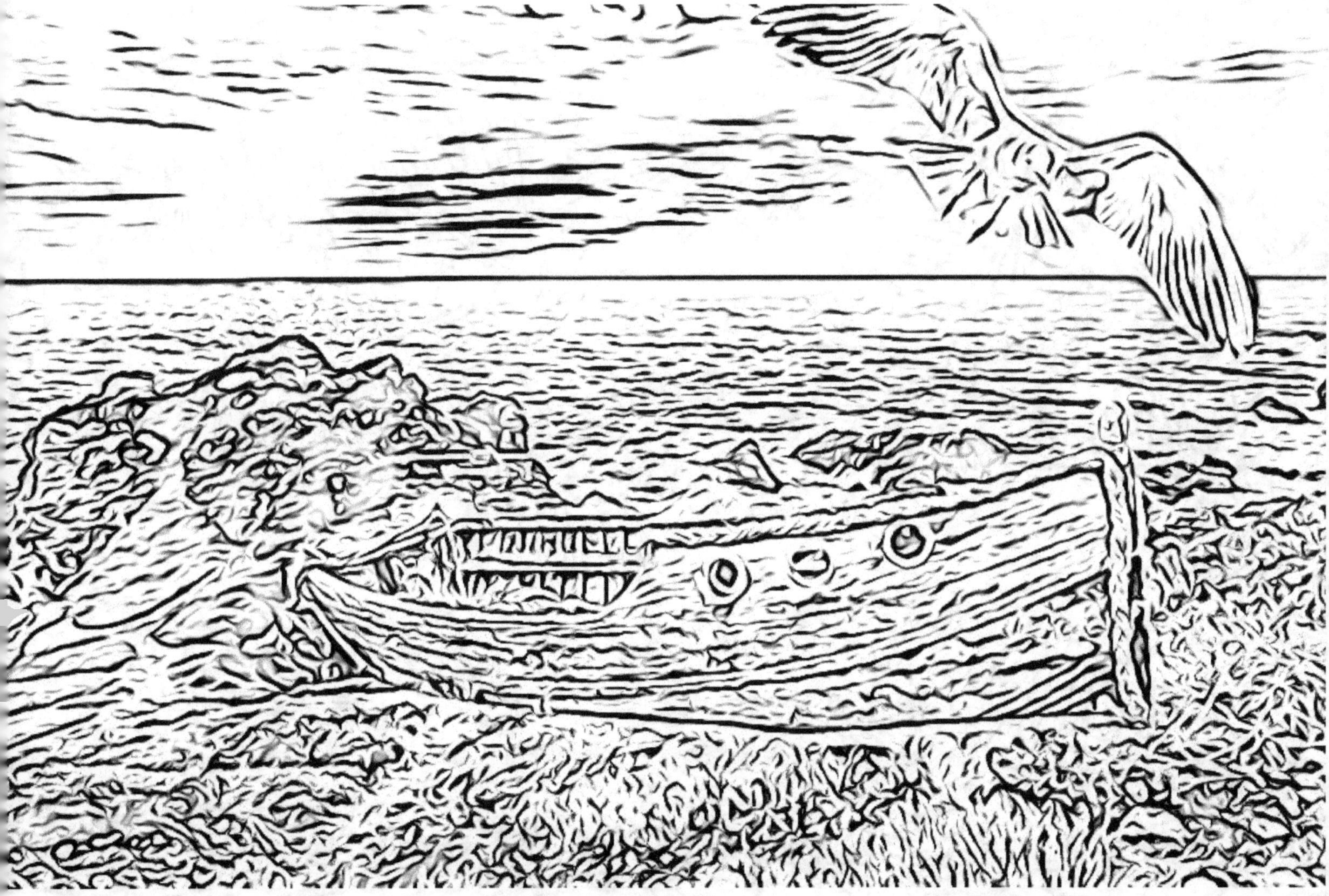

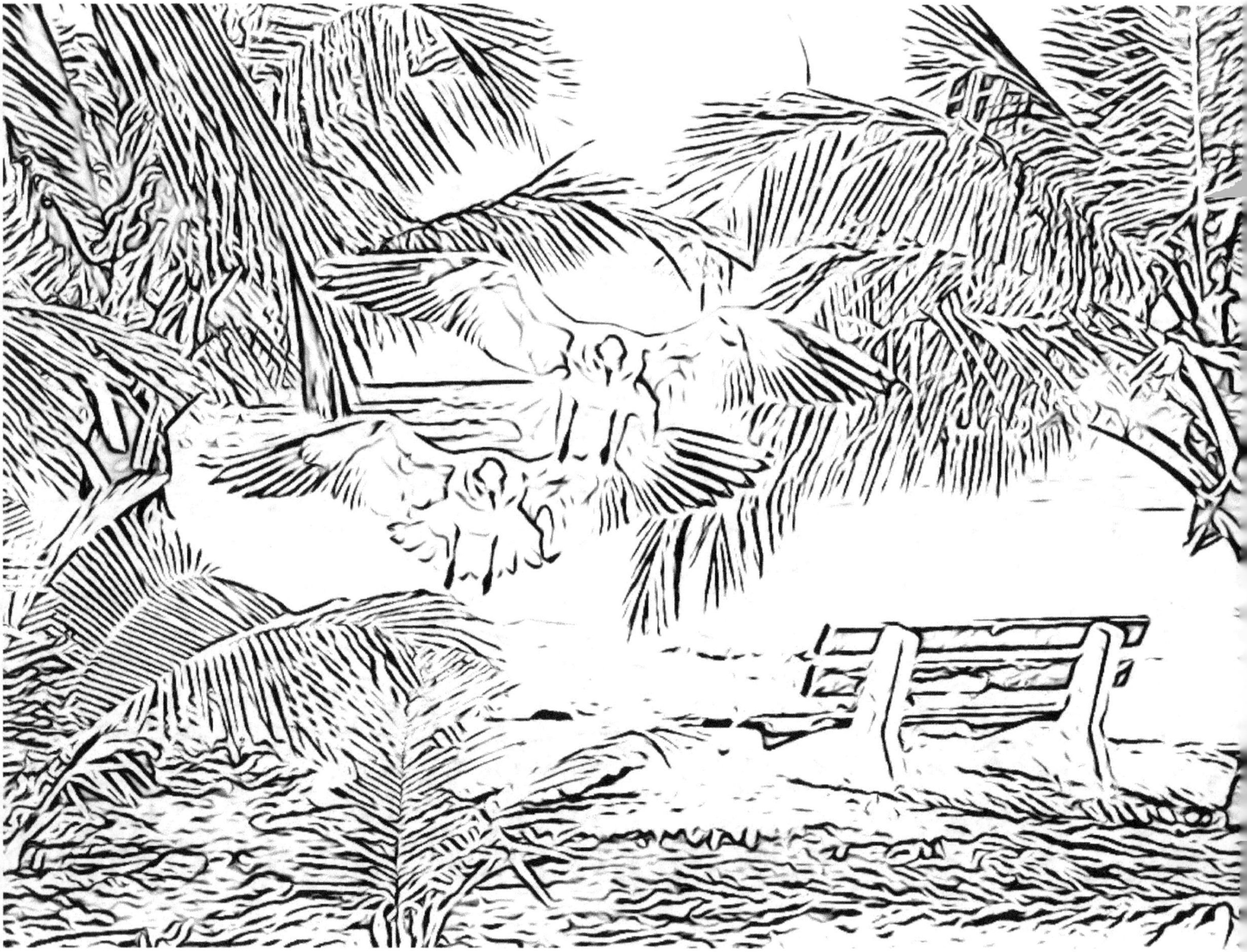

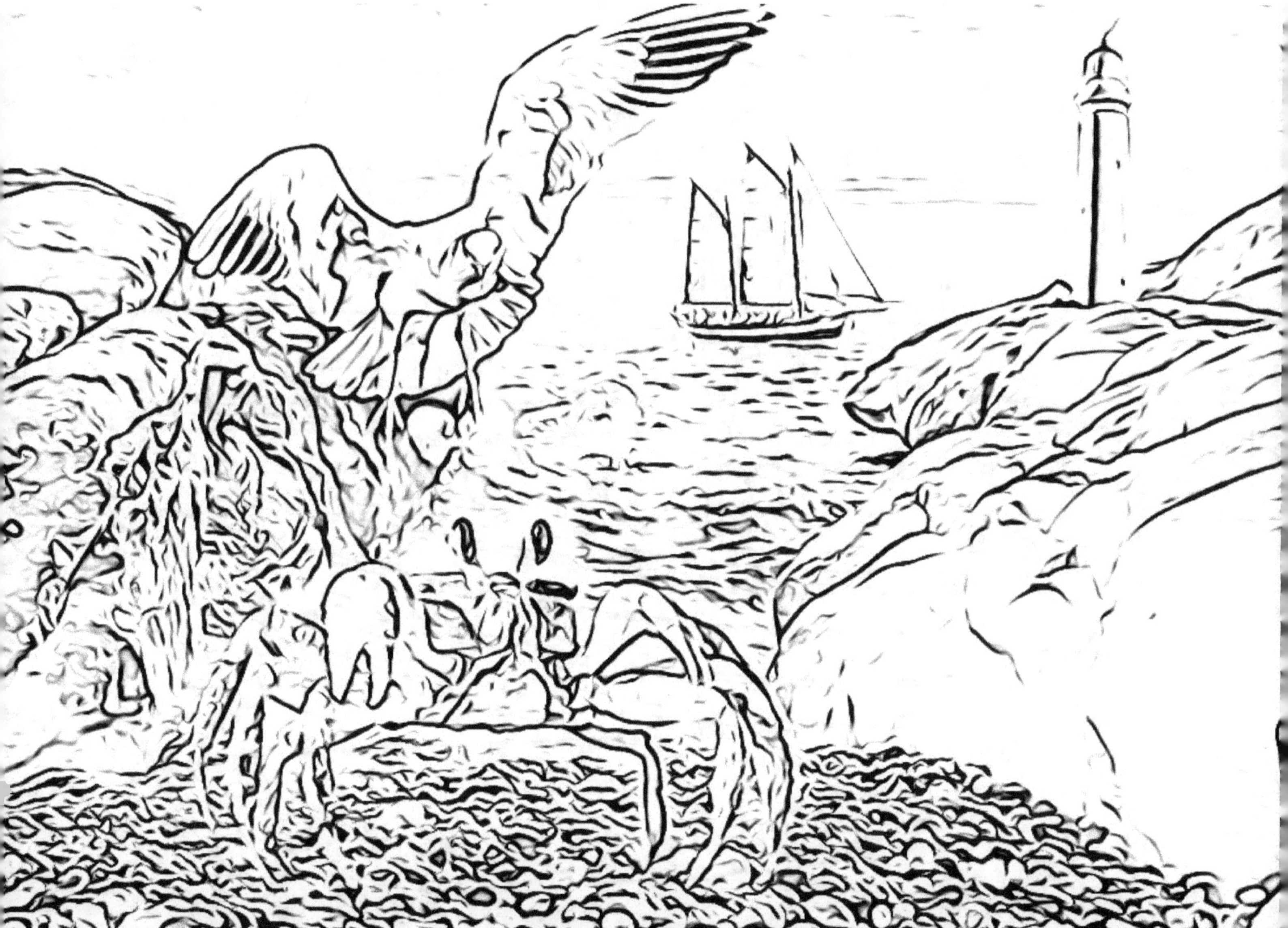

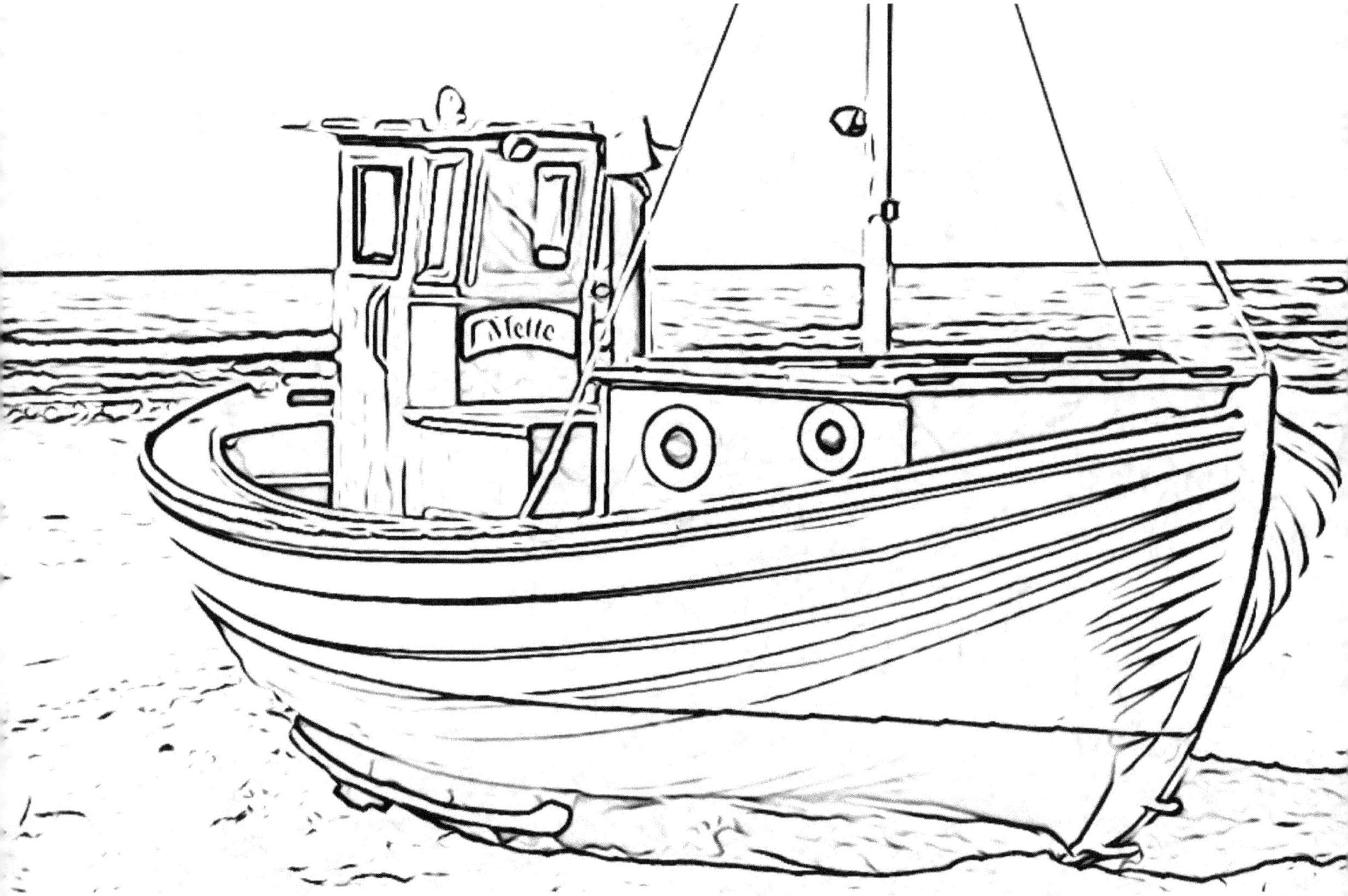
Mette

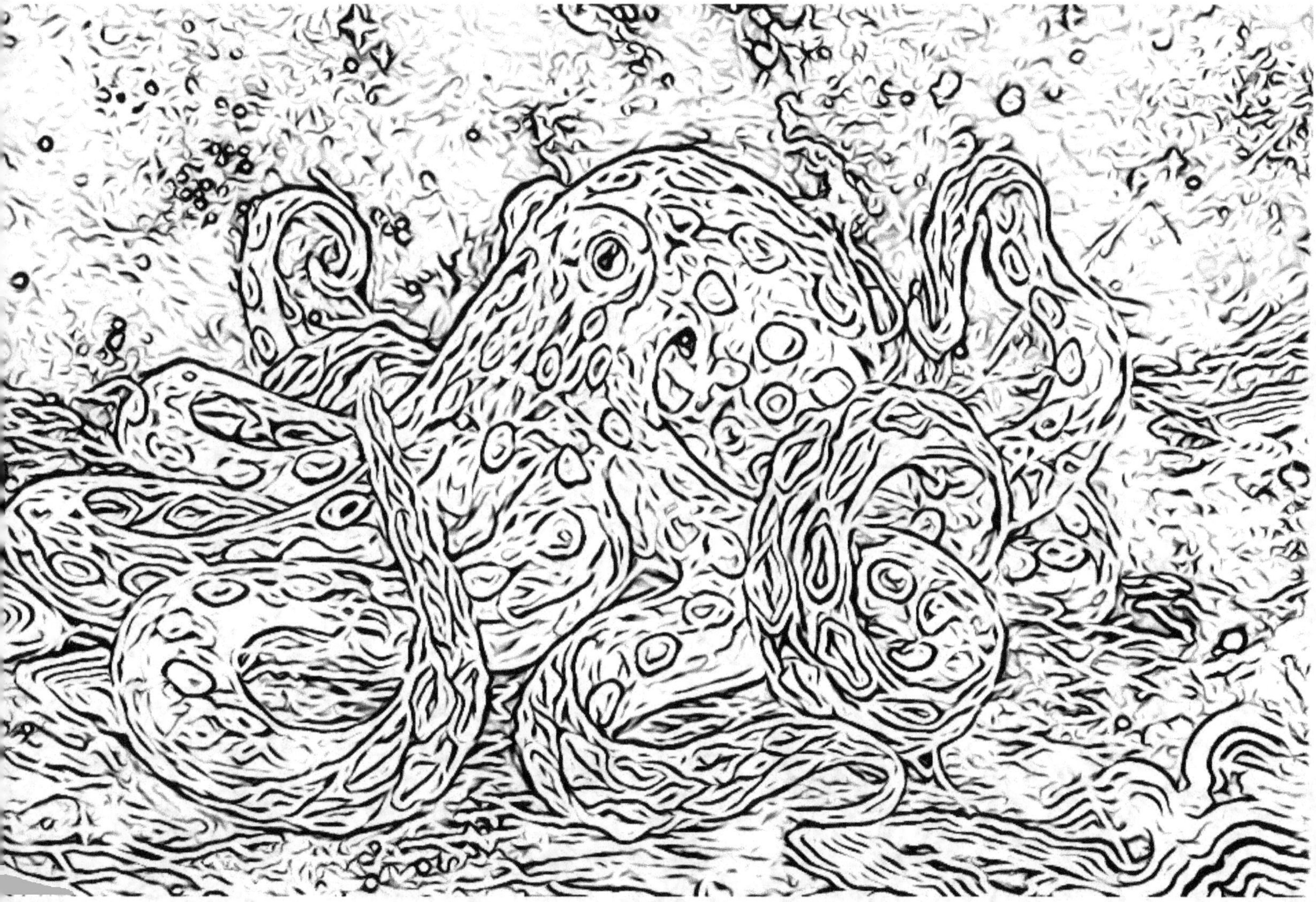

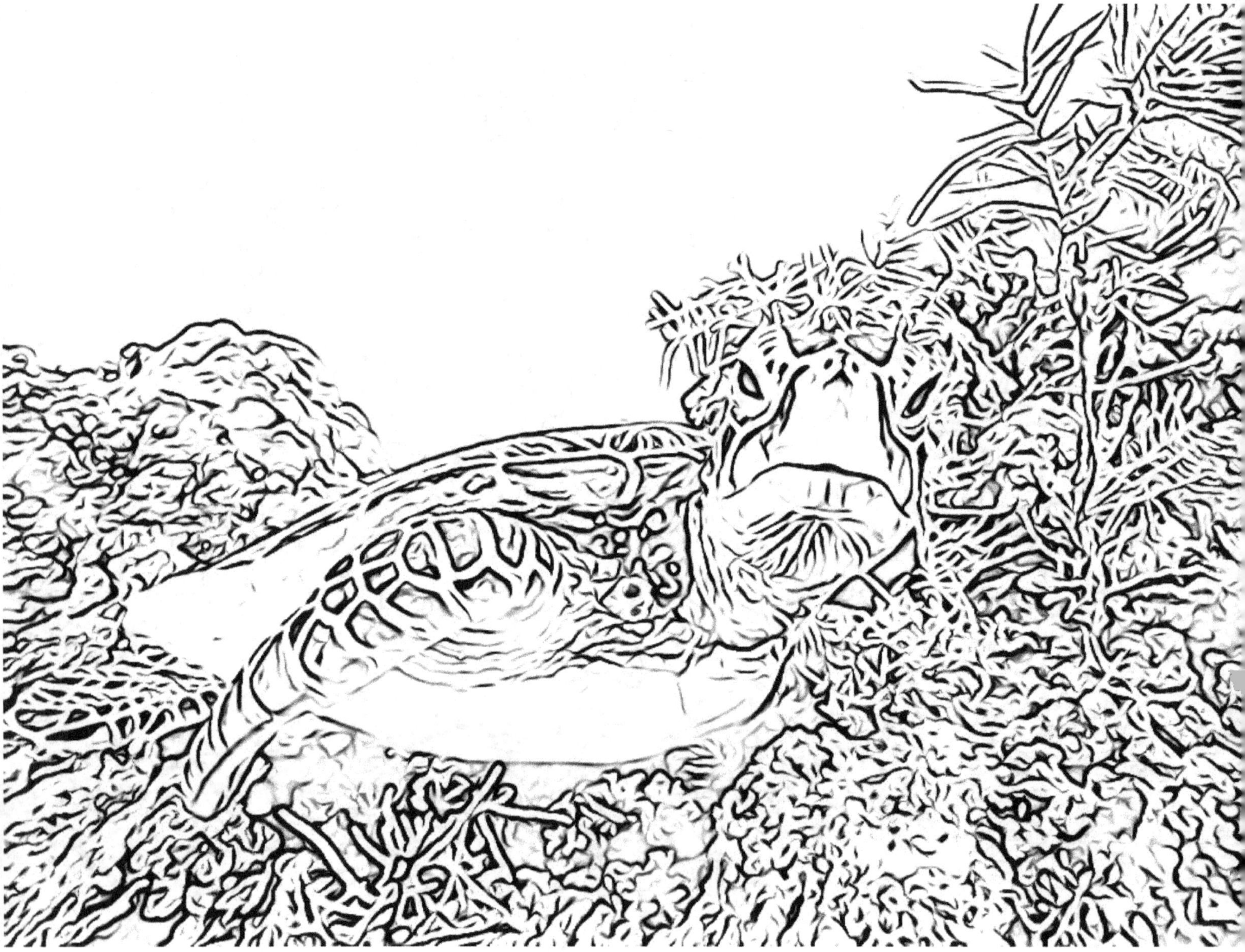

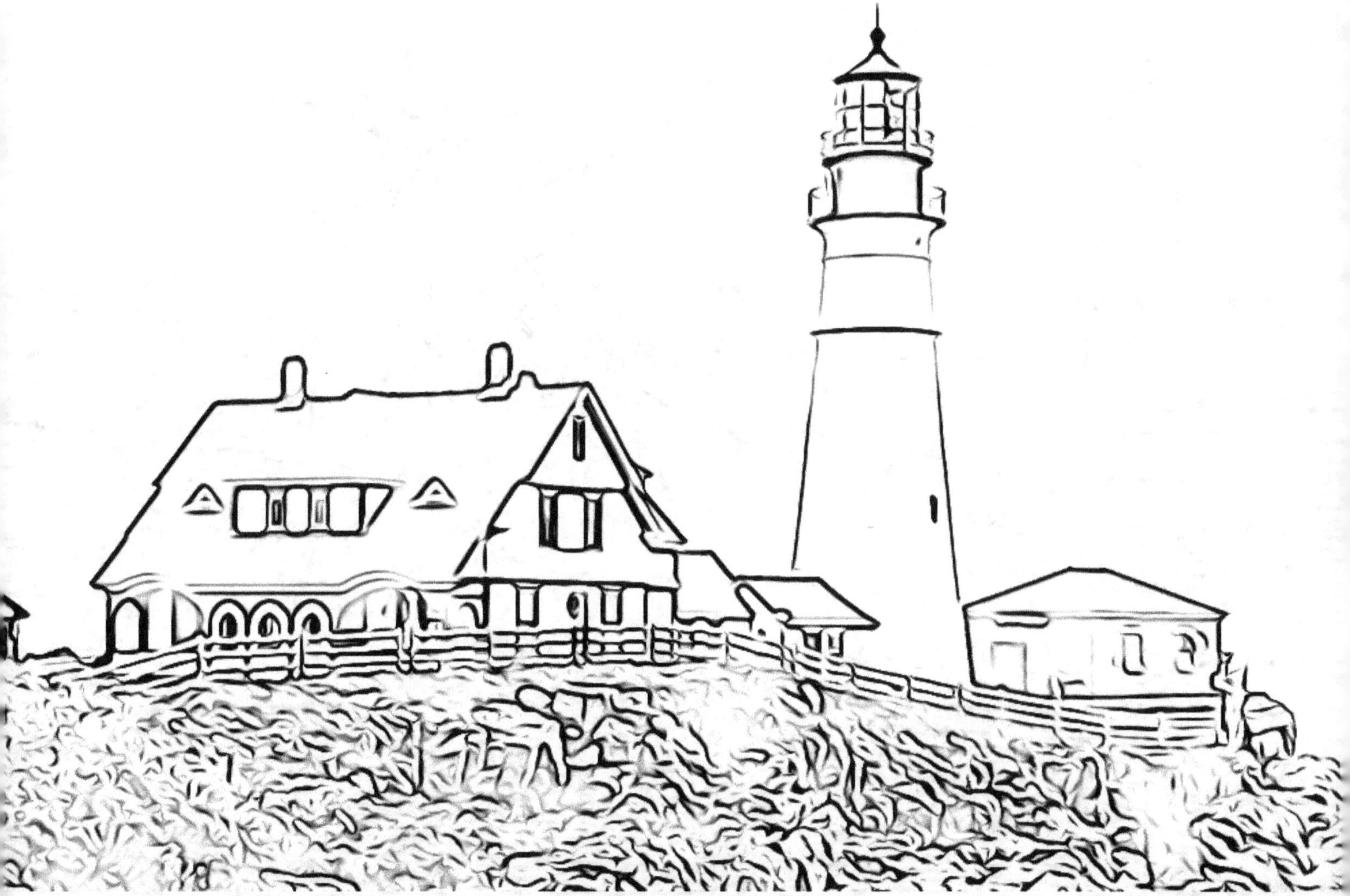

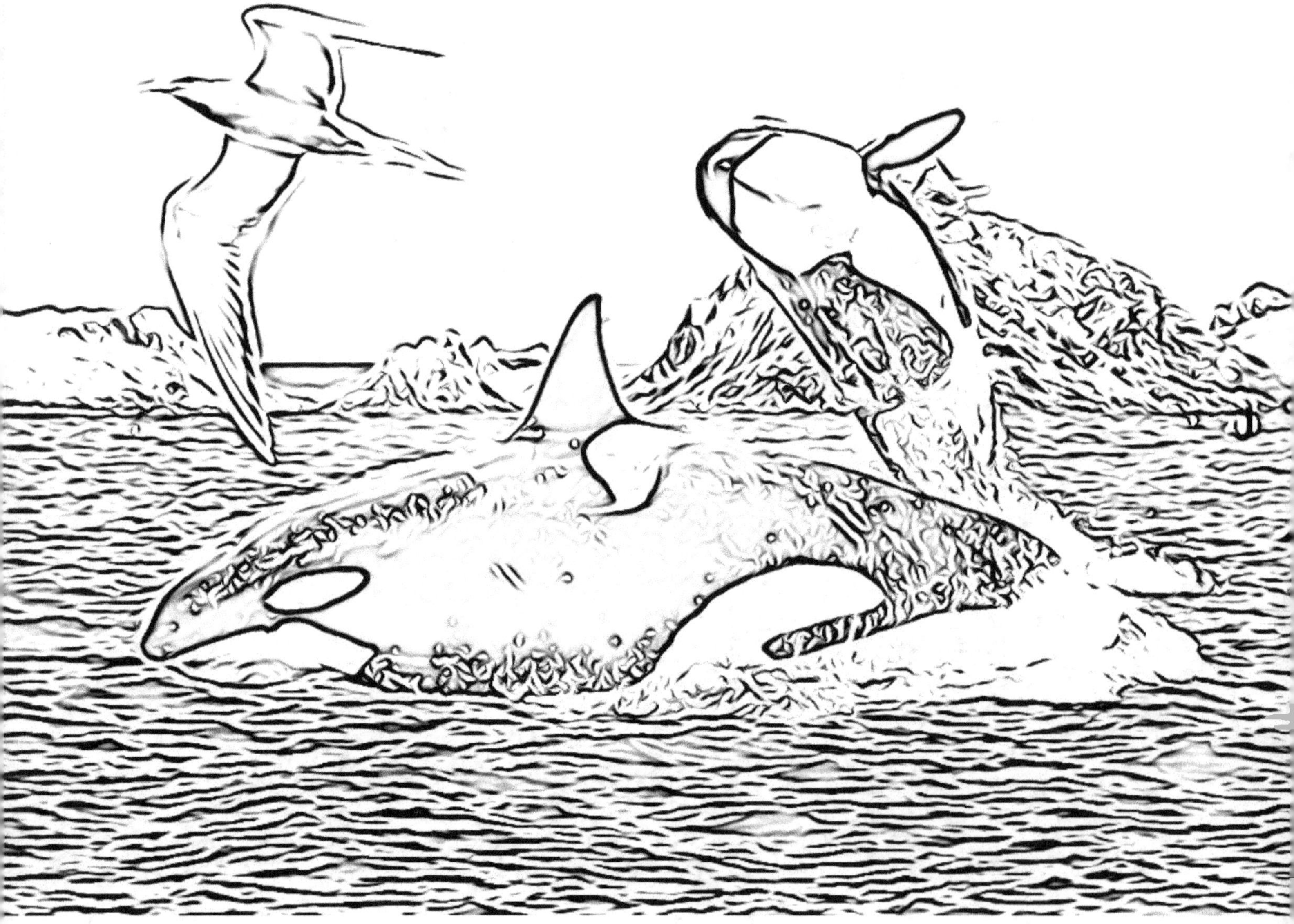

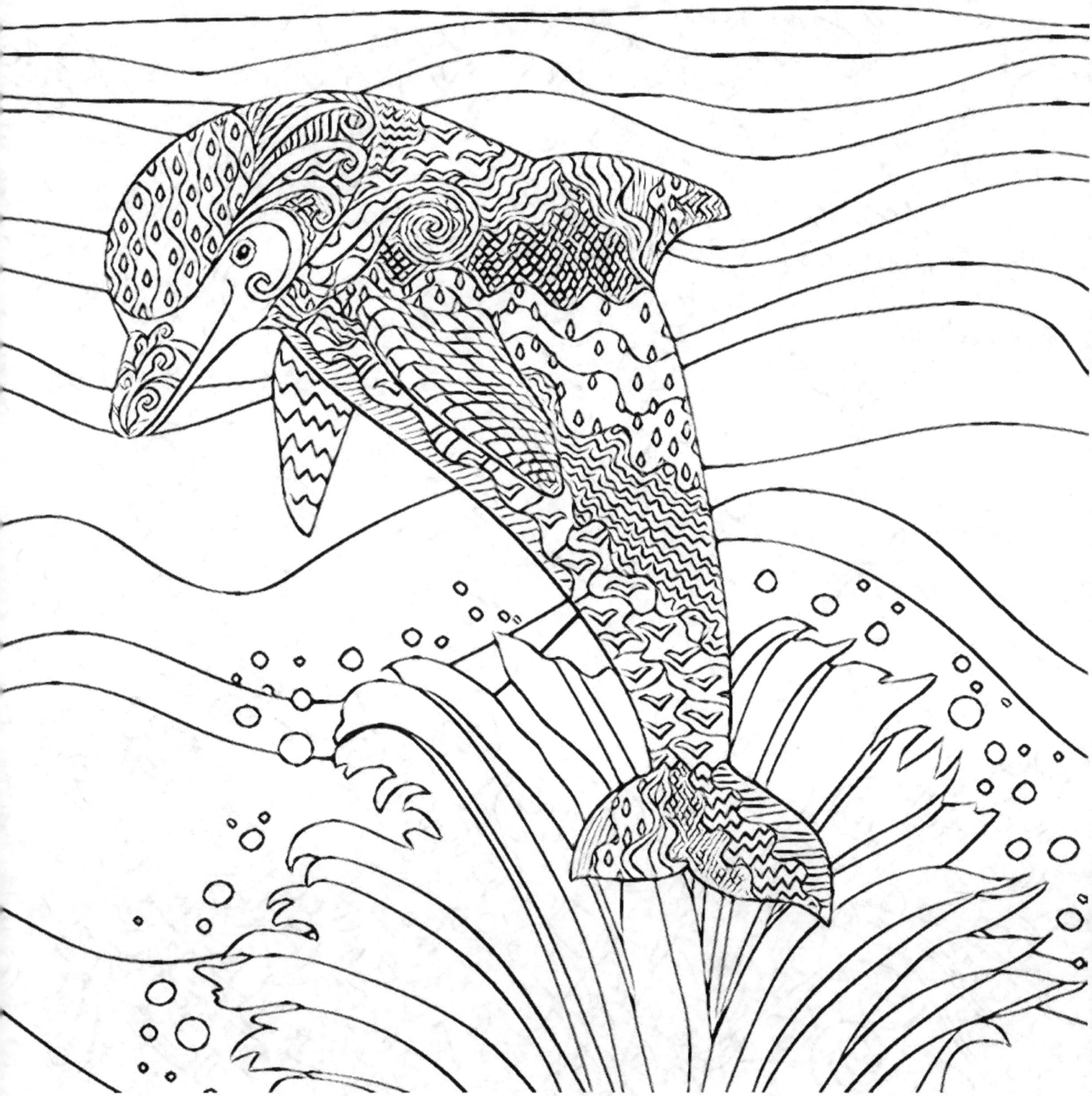

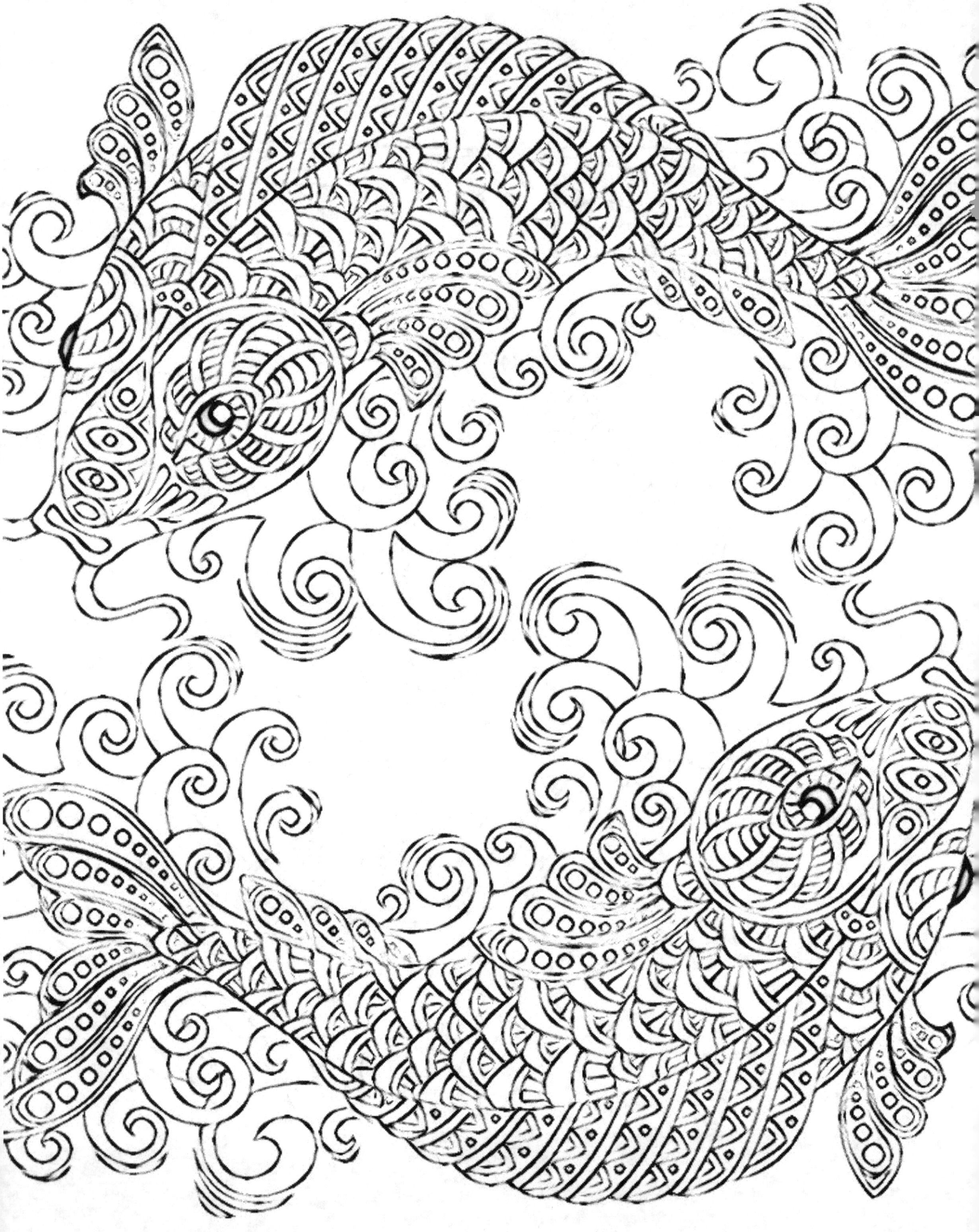

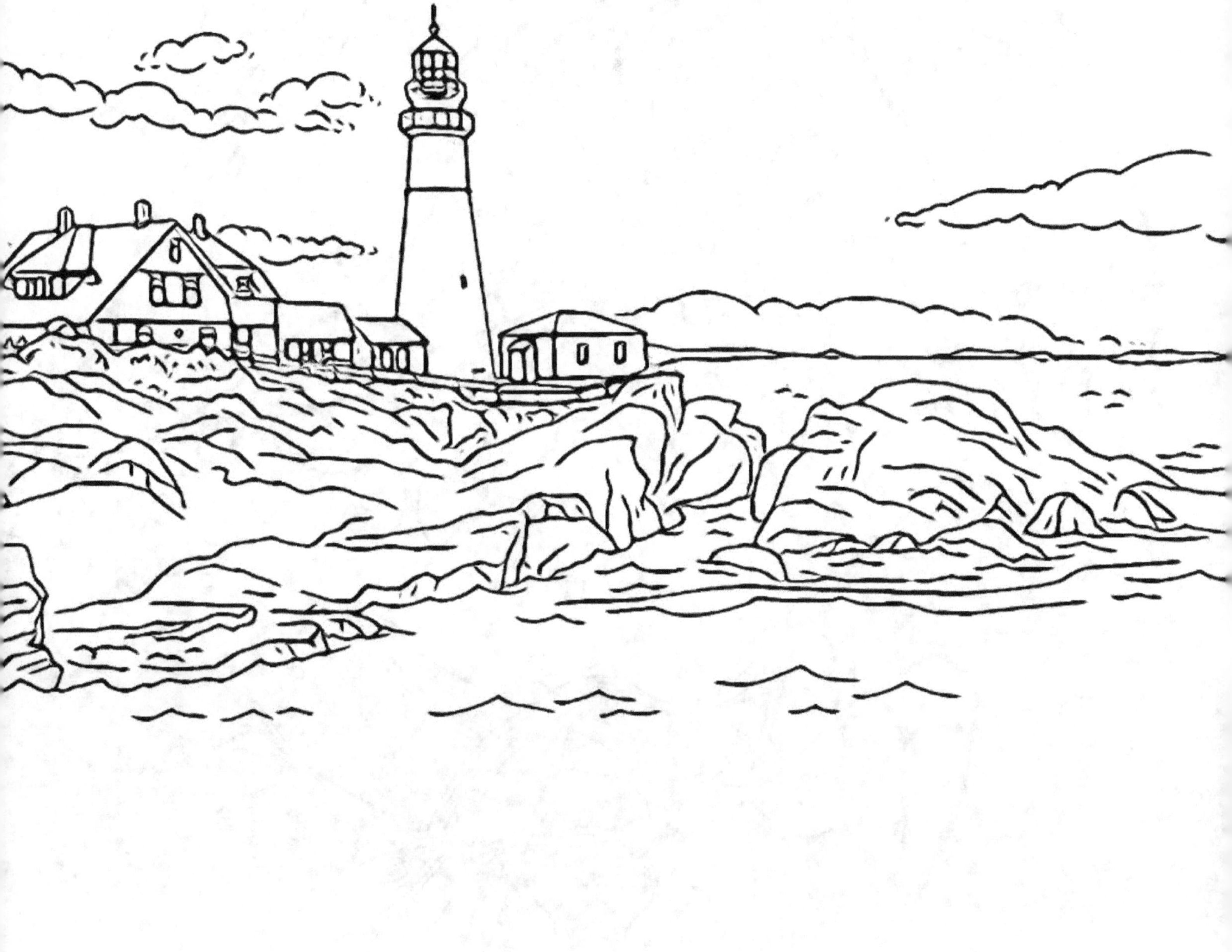

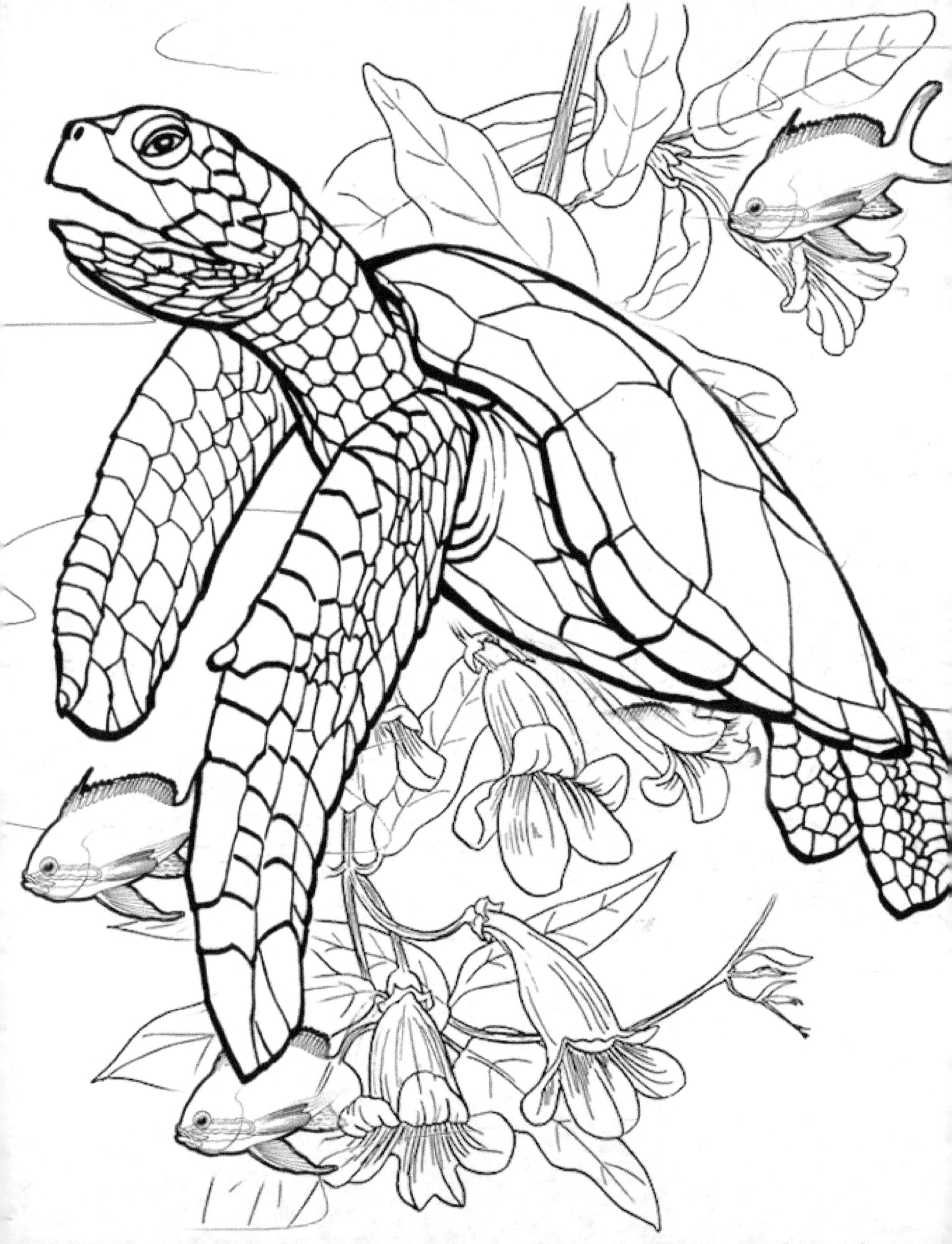

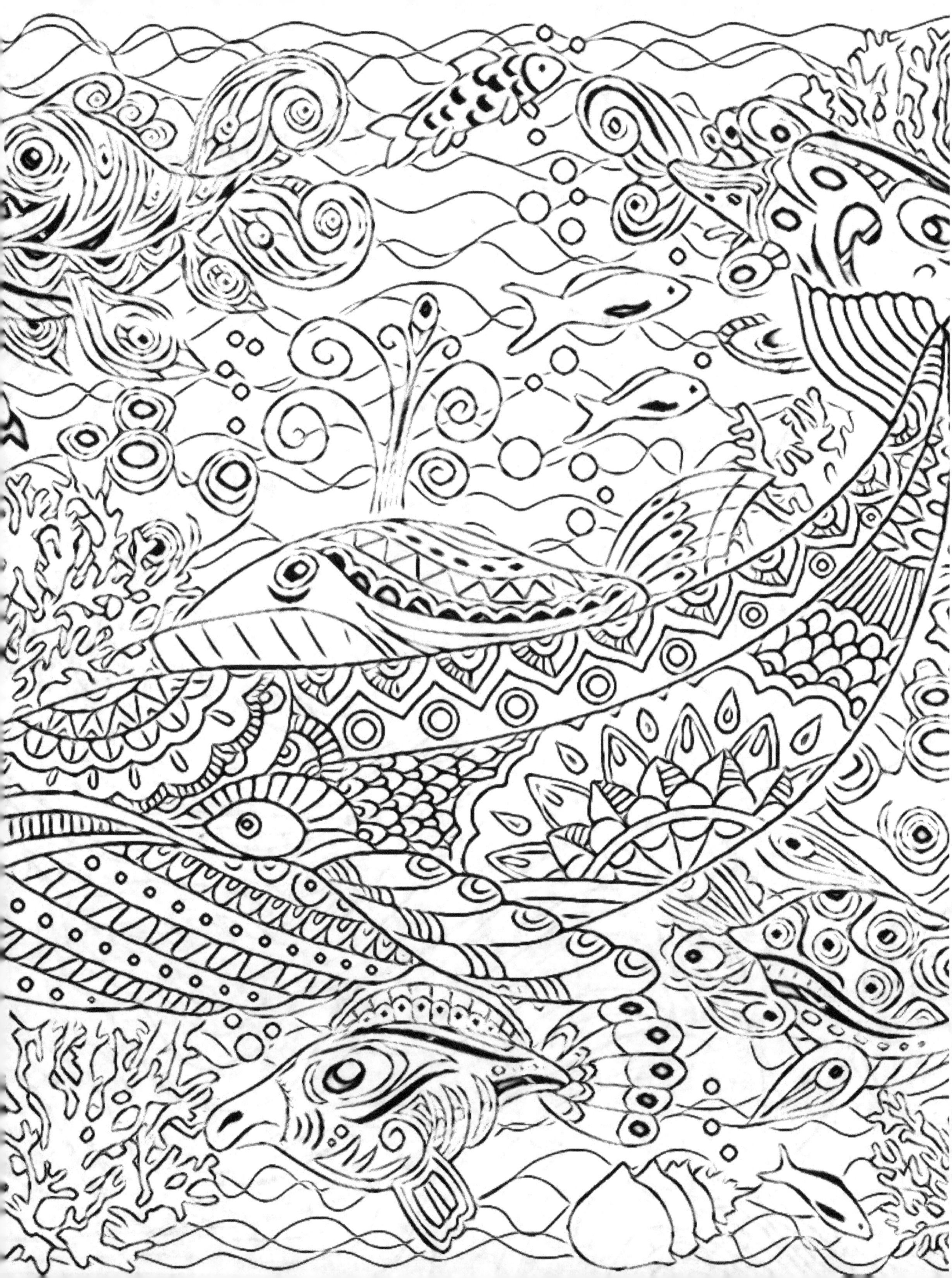

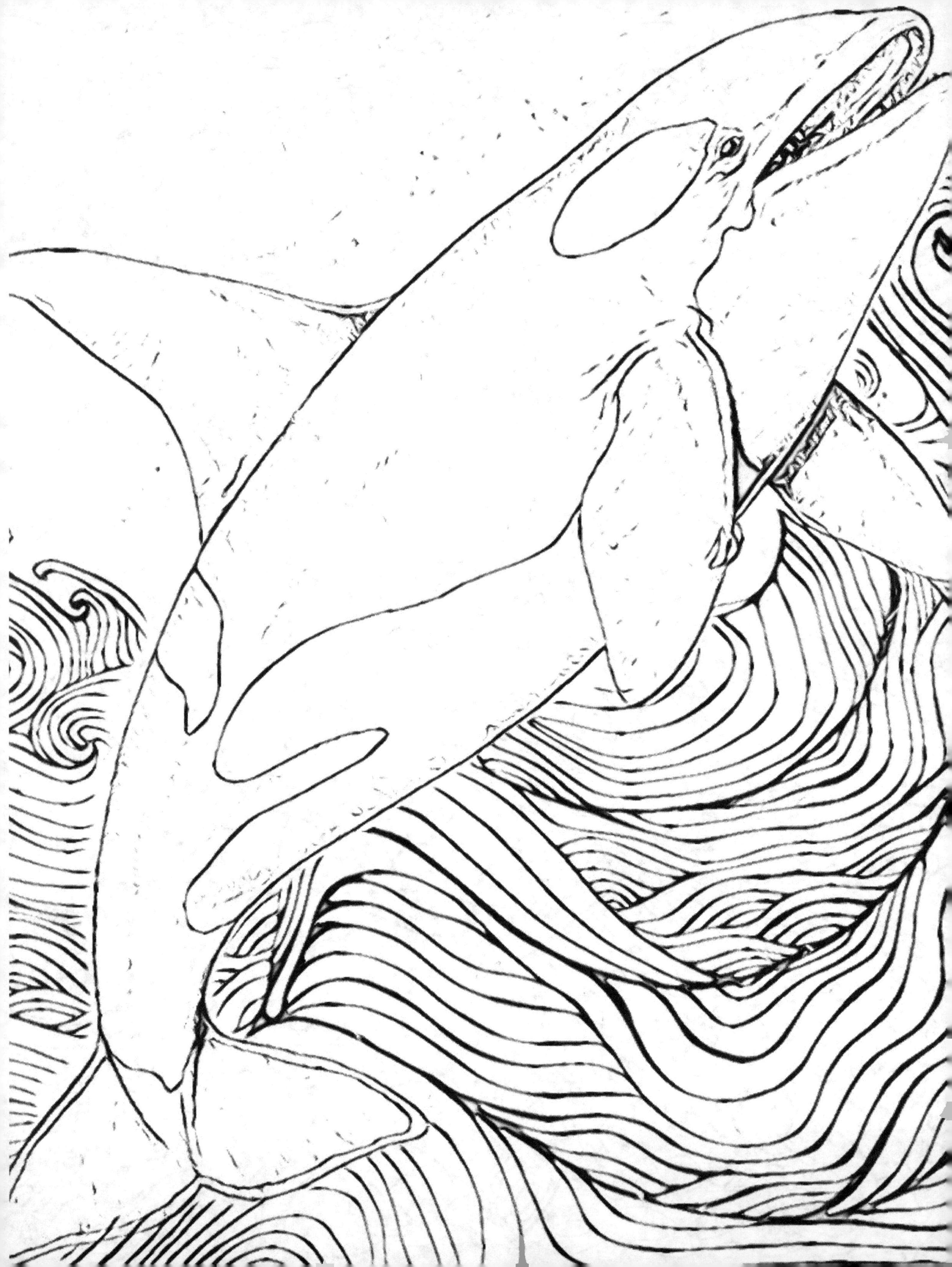

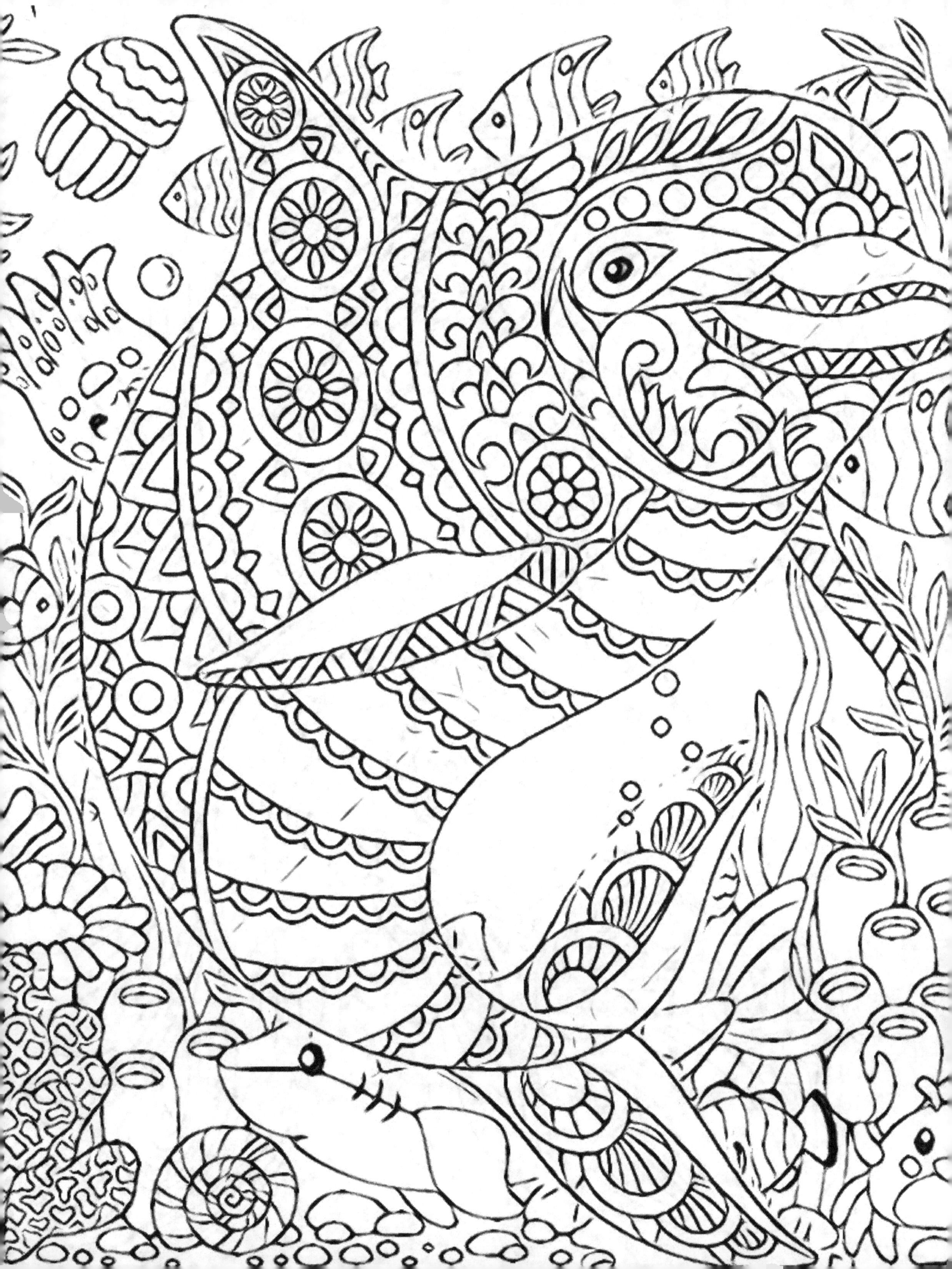

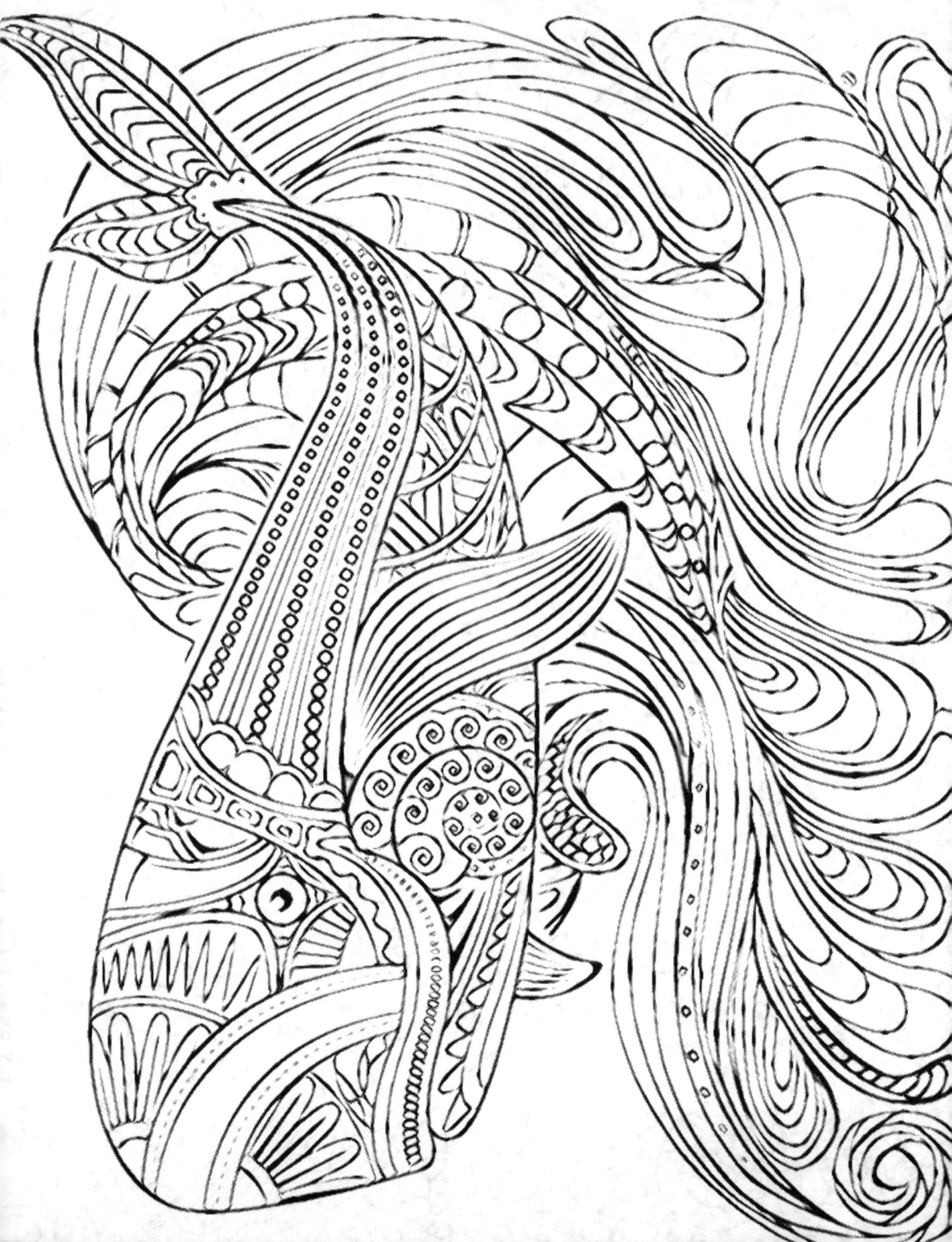

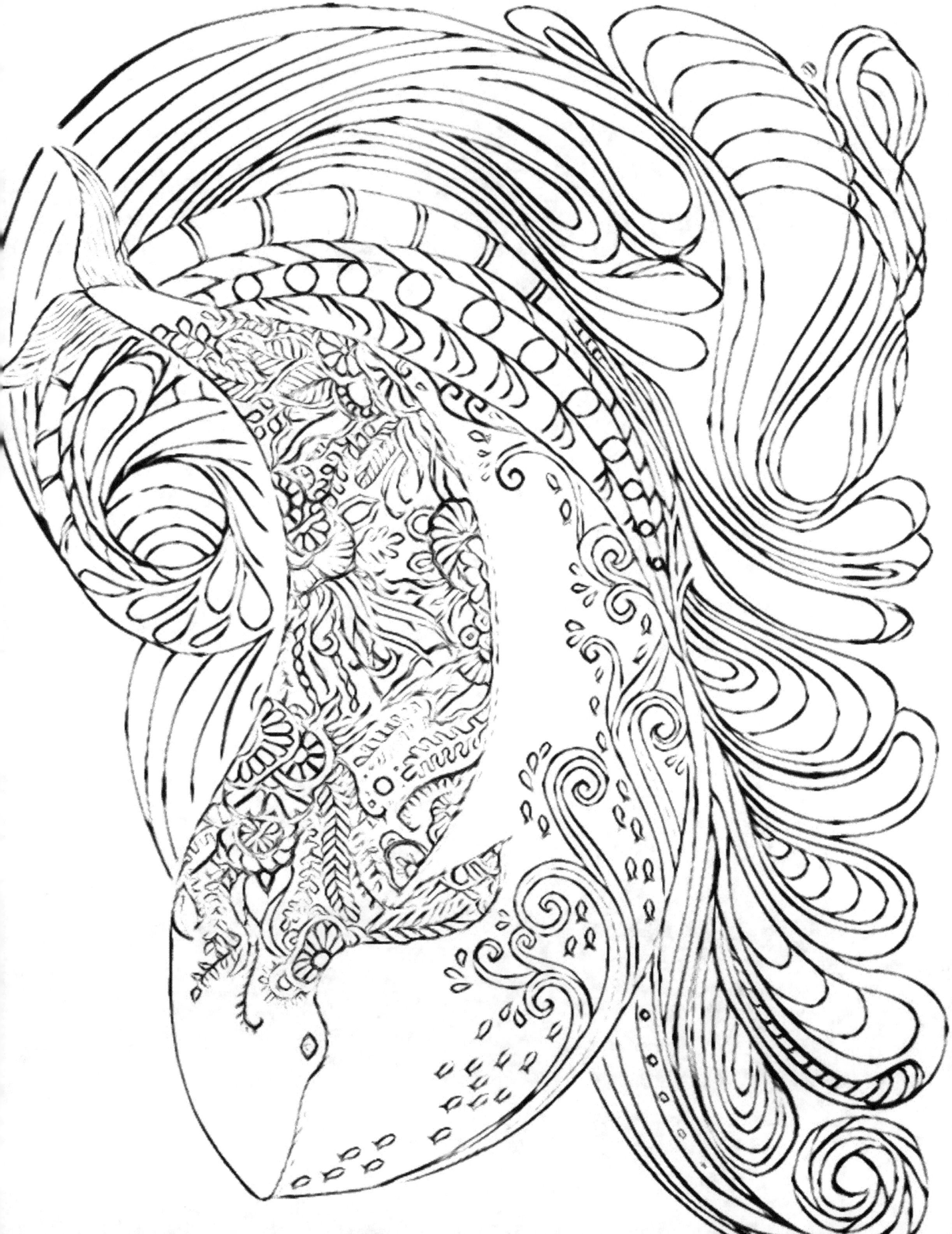

www.ingramcontent.com/pod-product-compliance
Lightning Source LLC
Chambersburg PA
CBHW081315180526
45170CB00007B/2710
* 9 7 8 0 3 5 9 0 2 1 0 3 1 *